D0920758

GÉRER
LE VOLET
HUMAIN DU
CHANGEMENT

à Sylvie,

Puisse ge line être une
source d'inspiration lors
de vos changements.

Céline Bareil
Le 12 octobre 2006.

Les Éditions Transcontinental inc.
1100, boul. René-Lévesque Ouest
24ᵉ étage
Montréal (Québec) H3B 4X9
Tél. : (514) 392-9000
1 800 361-5479
www.livres.transcontinental.ca

Les Éditions de la Fondation de l'entrepreneurship
55, rue Marie de l'Incarnation
Bureau 201
Québec (Québec) G1N 3E9
Tél. : (418) 646-1994, poste 222
1 800 661-2160, poste 222
www.entrepreneurship.qc.ca

La collection Entreprendre est une initiative conjointe de la Fondation de l'entrepreneurship et des Éditions Transcontinental visant à répondre aux besoins des futurs et des nouveaux entrepreneurs.

Distribution au Canada
Les messageries ADP
1261A, rue Shearer, Montréal (Québec) H3K 3G4
Tél. : (514) 939-0180 ou 1 800 771-3022
adpcommercial@sogides.com

Distribution en France
Géodif Groupement Eyrolles — Organisation de diffusion
61, boul. Saint-Germain 75005 Paris FRANCE – Tél. : (01) 44.41.41.81

Distribution en Suisse
Servidis S. A. — Diffusion et distribution
Chemin des Chalets CH 1279 Chavannes de Bogis SUISSE – Tél. : (41) 22.960.95.10
www.servidis.ch

Catalogage avant publication de Bibliothèque et Archives Canada
Bareil, Céline, 1959-
Gérer le volet humain du changement
(Collection Entreprendre)
Comprend des réf. bibliogr.
Publ. en collab. avec : Fondation de l'entrepreneurship.
ISBN 2-89472-238-9 (Éditions Transcontinental)
ISBN 2-89521-073-X (Fondation de l'entrepreneurship)

1. Changement organisationnel - Aspect psychologique. 2. Changement organisationnel - Gestion. 3. Comportement organisationnel. 4. Résistance au changement. 5. Cadres (Personnel) - Attitudes. 6. Personnel - Attitudes. I. Fondation de l'entrepreneurship. II. Titre. III. Collection : Entreprendre (Montréal, Québec).

HD58.8.B28 2004   658.4'06'019   C2004-941283-3

Révision : Lyne Roy
Correction : Diane Grégoire
Photo de l'auteure en couverture arrière : Paul Labelle Photographe © 2004
Mise en pages et conception graphique de la couverture : Studio Andrée Robillard

La forme masculine non marquée désigne les femmes et les hommes.

Imprimé au Canada
© Les Éditions Transcontinental inc. et Les Éditions de la Fondation de l'entrepreneurship, 2004
Dépôt légal — 3ᵉ trimestre 2004
2ᵉ impression, avril 2005
Bibliothèque nationale du Québec
Bibliothèque nationale du Canada
ISBN 2-89472-238-9 (Transcontinental)
ISBN 2-89521-073-X (Fondation)

Nous reconnaissons, pour nos activités d'édition, l'aide financière du gouvernement du Canada, par l'entremise du Programme d'aide au développement de l'industrie de l'édition (PADIÉ), ainsi que celle du gouvernement du Québec (SODEC), par l'entremise du programme Aide à la promotion.

Céline Bareil

GĒRER
LE VOLET
HUMAIN DU
CHANGEMENT

Les Éditions
Transcontinental

LES ÉDITIONS DE LA FONDATION DE
l'entrepreneurship

FONDATION DE l'entrepreneurship

La **Fondation de l'entrepreneurship** s'est donné pour mission de promouvoir la culture entrepreneuriale, sous toutes ses formes d'expression, comme moyen privilégié pour assurer le plein développement économique et social de toutes les régions du Québec.

En plus de promouvoir la culture entrepreneuriale, elle assure un support à la création d'un environnement propice à son développement. Elle joue également un rôle de réseauteur auprès des principaux groupes d'intervenants et poursuit, en collaboration avec un grand nombre d'institutions et de chercheurs, un rôle de vigie sur les nouvelles tendances et les pratiques exemplaires en matière de sensibilisation, d'éducation et d'animation à l'entrepreneurship.

La Fondation de l'entrepreneurship s'acquitte de sa mission grâce à l'expertise et au soutien financier de plusieurs organisations. Elle rend un hommage particulier à ses **partenaires** :

ses **associés gouvernementaux** :

et remercie ses **gouverneurs** :

À ma fille, Kimberly-Anne, pour sa joie de vivre
et sa spontanéité, qui sont contagieuses

À André, à la fois compréhensif et solidaire

Table des matières

Avant-propos

Changements technologiques, restructurations, nouveaux modes et styles de gestion, gestion participative, gestion par processus, réingénierie, systèmes intégrés de gestion, changement culturel, nouveaux rôles de gestion, déménagements, processus d'amélioration continue, robotisation, systèmes d'information, logiciels manufacturiers... Ce sont les changements organisationnels auxquels j'ai dû faire face dès le début de ma carrière professionnelle qui s'est échelonnée de 1984 à 1994.

J'ai souvent tenu le rôle d'agent de changement interne ou de spécialiste en développement organisationnel. À ce titre, je devais faciliter le changement et y intégrer des composantes liées aux enjeux humains. Ayant l'avantage de travailler au sein d'organisations et d'entreprises dont les valeurs humaines étaient centrales, je pouvais m'appuyer sur des pratiques favorables, comme la formation d'une équipe de pilotage et d'une équipe de gestion du changement, la constitution d'un plan de communication, de programmes de formation adaptés et, surtout, un rôle à temps complet voué au changement.

Pourtant, avant même que j'amorce une session de perfectionnement à l'intention de cadres en exercice, certains participants réclament des preuves pour justifier le changement visé, des assurances concernant leur emploi, etc. D'autres, qui ne prennent pas le changement au sérieux, ne s'y inscrivent même pas.

Je comprends alors que les participants sont peu ouverts au développement de savoirs et de savoir-faire. Ils sont plutôt inquiets quant aux impacts du changement sur eux. Ces faits m'ont amenée à poser les constats suivants :

- les acteurs ont une dynamique et un rythme à respecter ;
- auprès d'eux, mieux vaut une approche empathique mais ferme ;
- leur perspective est non négligeable.

À cela s'ajoutent les recherches que j'ai menées durant ma seconde carrière, universitaire, et les changements étudiés dans les dernières années, comme le système intégré de gestion (*ERP – Enterprise Resource Planning*), les communautés de pratique, la gestion hospitalière par programmes clientèles. Il était temps que je trace le bilan de ces apprentissages.

Je tire une leçon de toutes ces expériences : les changements d'envergure sont loin d'être faciles à réussir et la composante humaine doit être considérée avec grand respect. Cette perspective humaniste, où la réussite du changement organisationnel passe par le respect des individus, laisse présager de meilleures interventions, mieux adaptées.

Pourquoi un tel livre?

Parce qu'il s'agit d'un ouvrage de référence en gestion du changement publié en langue française, ce livre comble une lacune sur le plan de la diffusion de la théorie. L'ouvrage adopte une approche essentiellement humaniste. Le regard sera directement posé sur les acteurs qui participent au changement organisationnel, dont le destinataire du changement. La notion de changement organisationnel est abordée dans une perspective respecteuse des personnes.

Le postulat de base veut que la réussite de tout changement organisationnel ne soit possible que dans la mesure où tous les membres de l'organisation modifient leurs comportements dans le sens proposé. Sans un minimum d'efforts et d'engagement, le changement sera impossible.

À qui s'adresse-t-il?

Ce livre s'adresse aux managers, aux décideurs, aux entrepreneurs ainsi qu'aux conseillers qui doivent mettre en œuvre un changement important au sein de leur organisation. Il s'adresse également à tous ceux qui vivent un changement. Il vise aussi les étudiants des premier et deuxième cycles en gestion/administration, en psychologie du travail ou en relations humaines de même qu'aux chercheurs et aux praticiens en gestion du changement et en développement organisationnel. Ceux-ci pourront comparer cette conception aux leurs.

Ses parties

À l'encontre des manuels traditionnels qui traitent abondamment du dirigeant dans un contexte de changement, celui-ci parle d'abord du destinataire, la personne touchée par le changement, l'acteur principal du changement (chapitres 1 et 2). Je sors des sentiers battus de la résistance au changement (chapitre 3) pour proposer un modèle d'appropriation du changement qui fait état des préoccupations évolutives des destinataires, c'est-à-dire de la façon dont ils s'approprient le changement tout au long de sa mise en œuvre. Le modèle des phases de préoccupations sert de canevas principal (chapitres 4 et 5). Les chapitres subséquents définissent le rôle d'autres acteurs : le manager (chapitre 6), les acteurs de soutien (chapitre 7), puis le décideur (chapitre 8). Un mot de la fin clôture l'ouvrage.

1 > *Le destinataire, acteur principal du changement*

Ce n'est pas un hasard si, d'entrée de jeu, je donne la vedette au *destinataire* du changement. Plusieurs années d'expérience en gestion du changement dans nombre d'organisations me portent à croire que, trop souvent, on ne tient pas suffisamment compte du destinataire au moment de l'implantation d'un changement.

Il faut pourtant réserver une place privilégiée à cet acteur. Le destinataire porte sur ses épaules une partie importante du changement organisationnel que le décideur souhaite mettre en œuvre. C'est lui, en règle générale, qui *vit* le changement. Pour que le décideur construise le changement *autour* du destinataire, il doit d'abord le reconnaître comme l'acteur principal du changement organisationnel.

Dans le présent chapitre, je définis qui est le destinataire d'un changement organisationnel, puis j'évoque les raisons pour lesquelles on doit lui accorder une grande importance.

Qui est le destinataire du changement?

Souvent, plusieurs acteurs sont impliqués dans la conduite d'un changement organisationnel. Un acteur influe sur la mise en œuvre d'un changement. Il y a, d'une part, le destinataire et, d'autre part, le décideur. D'autres agents de changement gravitent autour d'eux.

Le destinataire est toute personne touchée directement ou indirectement par un changement organisationnel. Il est **concerné** par le changement, il doit s'adapter à ses exigences. Par exemple, s'il y a remplacement d'un logiciel, le destinataire est l'utilisateur qui est ciblé par la nouvelle technologie, celui qui aura à utiliser le logiciel.

Au contraire, le **décideur** est l'acteur qui a pris la décision stratégique d'apporter un changement. Le décideur peut être un dirigeant, le propriétaire de l'entreprise, le conseil d'administration, les syndicats, les groupes de pression qui ont débattu la décision de changer et l'ont entérinée. Le décideur n'a pas nécessairement à modifier ses habitudes à la suite de sa décision, laquelle a toutefois beaucoup d'impact sur le destinataire.

Pour leur part, les agents de changement sont les acteurs qui soutiennent la mise en œuvre du changement. Ce sont, entre autres, le manager, le directeur de projet, les équipes de projet, les professionnels des ressources humaines et les consultants.

Revenons au destinataire du changement. Le destinataire est en fait un employé de l'organisation, à qui s'adresse le changement, qui est touché par le changement et **à qui on impose un changement.** Par extension, il pourrait s'agir d'un fournisseur que le changement toucherait. Le destinataire, ce peut aussi être le manager qui doit s'approprier le changement. Malheureusement, le manager est souvent le destinataire le plus négligé. Il ne reçoit pas la formation nécessaire pour faire face au changement et reçoit rarement toute l'information dont il aurait besoin pour bien gérer les individus en situation de changement.

Le destinataire doit modifier ses habitudes et ses comportements. Il doit apprendre de nouvelles connaissances et habiletés pour concrétiser le changement. Il doit s'approprier le changement, c'est-à-dire développer de nouvelles façons de travailler. Ce n'est que par sa volonté à changer et à y mettre les efforts nécessaires que le destinataire crée de nouvelles habitudes, plus conformes à l'objectif du changement.

Le destinataire, un parmi plusieurs

Le destinataire fait souvent partie d'un groupe de destinataires. On peut facilement concevoir que le changement modifie la vie au travail de plusieurs destinataires. En fait, plusieurs destinataires peuvent être touchés de la même façon par un même changement. Toutefois, une erreur fréquente consiste à penser que le changement touchera *tous* les employés. C'est souvent inexact de croire que tout employé est un destinataire du changement. Les destinataires ne sont que les personnes *concernées* par le changement.

Afin de bien planifier ses interventions, il faut bien identifier les destinataires. Combien sont-ils ? Quelles sont leurs caractéristiques ? Quelles compétences possèdent-ils ? Ils n'ont pas les mêmes besoins ni les mêmes préoccupations que les employés qui ne sont pas touchés par le changement. Bien qu'il faille informer tous les employés d'un changement à venir, une gestion particulière est requise pour les destinataires.

On peut également distinguer les destinataires touchés *directement* par le changement des destinataires qui ne le sont qu'*indirectement*. Parfois, le changement a des incidences majeures sur un type de poste et des incidences mineures sur un autre. Par exemple, un nouveau logiciel financier peut toucher tous les aspects du poste d'analyste comptable, alors que la secrétaire n'utilise le nouveau logiciel qu'une fois par semaine. Une analyse précise des impacts du changement sur les destinataires facilite la mise en œuvre du changement.

Les caractéristiques du destinataire

Dans cet ouvrage, je définis le destinataire comme un employé autonome, responsable, modérément ouvert et travaillant au sein d'une organisation où il se sent généralement bien traité et bien géré. Le changement, quant à lui, doit être acceptable pour les employés et favoriser la pérennité de l'organisation. Ces postulats sur les caractéristiques du destinataire et du changement sont importants : ce sont les conditions nécessaires à la philosophie humaniste que je préconise.

Le destinataire est ici considéré comme le premier responsable de son appropriation du changement ; il n'en est jamais la victime. Bien au contraire, le destinataire dont il est question est un être **rationnel** et **émotif**, qui prend ses propres décisions et qui intervient d'une façon particulière devant un changement donné. Évidemment, il peut être aidé et influencé, mais il est d'abord un acteur actif et responsable dans le changement.

Cet accent mis sur les destinataires est cohérent avec l'approche humaniste existentielle en psychologie. Kurt Lewin, précurseur de l'école des relations humaines, a valorisé l'aspect humain dans les organisations, d'où a découlé tout le champ du comportement organisationnel. Selon cette perspective, les individus ont des besoins. Le travail constitue pour eux un milieu d'apprentissage, de développement et d'accomplissement. En période de changement, le destinataire mérite d'être valorisé, géré avec respect et reconnu à sa juste valeur.

Pourquoi se préoccuper du destinataire?

Il m'importe de défendre la position selon laquelle le destinataire mérite qu'on lui accorde une place privilégiée dans la mise en œuvre du changement. Le destinataire peut faire en sorte que le changement pénètre plus ou moins l'organisation et atteigne ou non les objectifs fixés. Il peut faire la différence entre un succès total, un succès mitigé et l'échec du changement.

On doit se préoccuper davantage du destinataire pour quatre grandes raisons :

1. Le destinataire est un acteur puissant sous-estimé.

2. Les mentalités et les valeurs de gestion ont évolué.

3. Le taux d'échec des changements est élevé.

4. Les coûts sur le plan humain sont importants.

Le destinataire est un acteur puissant sous-estimé

Tout changement organisationnel ne peut se réaliser sans l'apport des individus. L'organisation ne change pas tant que ceux qui la composent ne changent pas. Le changement n'existe que dans la mesure où de nouveaux gestes apparaissent, où de nouvelles façons de faire sont mises à l'épreuve et deviennent des habitudes. Le changement passe *nécessairement* par les personnes.

C'est le destinataire qui décide de faire les efforts pour changer. Il est un acteur **puissant**. Il peut s'approprier le changement conformément aux attentes de l'organisation. Le changement sera alors un succès. Il peut également l'enrichir et l'améliorer, par ses suggestions et ses pistes innovatrices, et faire en sorte que le changement obtienne des résultats qui dépassent même ceux anticipés. Son apport sera alors grandement apprécié.

Il peut également contester le changement ouvertement, seul ou en groupe. Il peut le contester indirectement, plus subtilement, par des pratiques parallèles non recommandées, plus ou moins tolérées. Il peut limiter l'ampleur du changement et en faire le moins possible. Il peut tout simplement résister au changement ou se montrer indifférent. Dans ces cas, le changement aura des difficultés à s'implanter et ses objectifs seront difficilement atteints.

On doit se préoccuper du destinataire.

Le destinataire joue un rôle clé dans le changement.

Le changement ne peut se réaliser sans lui.

Trop souvent, le destinataire est **sous-estimé**. Je l'ai noté aussi bien dans la pratique professionnelle qu'en recherche. Dans la pratique, on accorde plus d'importance à la gestion de projet (respect de l'échéancier et du budget) qu'à la gestion des personnes. Cela se confirme par le minimum de formation qu'on offre au destinataire, à la direction et aux managers en gestion du changement et par l'absence de plans de passage pour les personnes touchées.

De plus, on considère peu la **période de transition**, c'est-à-dire le processus par lequel le destinataire traverse plusieurs étapes émotives et cognitives. Avant de s'approprier le changement, le destinataire doit écouter le discours sur le changement, le décoder, l'interpréter, l'évaluer, le remettre en question, le comprendre, le réinterpréter, s'y intéresser, se mobiliser, se préparer, apprendre, transférer ses apprentissages, prendre action, mettre à l'essai et, finalement, s'en féliciter! Toutes ces étapes doivent être franchies avant que les résultats soient tangibles.

Cette faible considération envers le destinataire se traduit également dans la recherche. Le destinataire est parmi les grands négligés. Bien qu'on retrouve certains écrits sur l'importance à accorder aux individus dans la gestion du changement, ils ne vont pas très loin quant à l'explication de leur vécu et encore moins sur ce qu'il faut faire **pour les aider**. En fait, moins de 1 % des écrits professionnels sur les systèmes intégrés de gestion (aussi appelés *ERP*, pour *Enterprise Resource Planning*), s'intéressent de façon générale aux utilisateurs[1]. Du côté des études empiriques, sur le terrain, c'est encore plus décevant. Outre les travaux qui privilégient l'angle de la résistance au changement, le destinataire demeure le négligé dans les recherches en changement organisationnel.

Toutefois, cette nécessité de s'intéresser au destinataire commence à être plus présente. Elle a d'abord été relevée par Lewin, comme le relate Weisbord (1987). Selon ce dernier, Lewin a souligné la nécessité de considérer ceux qui ont à agir et à changer durant le processus de changement.

Dans la foulée de Lewin, plusieurs auteurs et praticiens[2] reconnaissent l'importance d'analyser et de comprendre le changement en fonction de la perspective de l'employé. Son point de vue commence à être pris en compte, de sorte qu'il soit possible de mieux comprendre l'employé et, éventuellement, d'intervenir auprès de lui, à temps et avec succès, pour qu'il s'approprie le changement (Bareil et Savoie, 2003). Il était temps !

Les mentalités et les valeurs de gestion ont évolué

Il faut se préoccuper davantage du destinataire en période de changement parce que les mentalités ont évolué. Les valeurs, les attentes et les exigences des travailleurs ont changé. Les pratiques de gestion des entreprises s'adaptent à l'économie du savoir.

Les attentes des travailleurs ont changé

Les travailleurs du XXIe siècle ont des exigences auxquelles les organisations ne peuvent rester insensibles. Ces attentes modulent la façon dont les organisations doivent gérer les changements.

La nouvelle génération de travailleurs accorde plus d'importance à la qualité de vie au travail, à la conciliation travail/famille et, surtout, à un travail enrichissant, qui permet à chacun de se développer, de se réaliser et de se surpasser. Cette main-d'œuvre plus scolarisée, souvent plus attachée à son parcours professionnel qu'à son employeur, mobile, au fait de l'actualité internationale, capable de se comparer et très branchée côté réseaux, est celle-là même qui doit s'approprier les prochains changements. Les travailleurs du deuxième millénaire recherchent un milieu stimulant, une ambiance, un esprit d'équipe et un climat de confiance. Ils veulent travailleur « heureux » ; *Oser travailler heureux*, ce titre de livre de Salomé et Potié (2000), en dit long !

Au cours d'une période de changement, l'employé veut être traité comme une personne à part entière. Il veut appartenir à un milieu où la communication demeure excellente avec la direction et où le sentiment de fierté renforce ses liens avec l'employeur. Dans les moments d'incertitude et de turbulence, il s'attend à être traité comme une ressource compétente et importante pour l'organisation. Il veut être reconnu à sa juste valeur et être respecté. Il veut être considéré.

Les organisations ne peuvent plus se permettre de gérer leurs ressources humaines comme si elles leur étaient soumises, prisonnières et redevables de leur emploi. Les besoins de plus en plus raffinés des travailleurs (Hafsi et Demers, 1997) doivent être couplés avec une gestion plus fine des organisations à l'égard des changements complexes. Les choses ont évolué et, dorénavant, les travailleurs exigent d'être informés et d'être traités en personnes responsables. Ils exigent les outils qui faciliteront leur adaptation ; c'est d'ailleurs une clause d'exigence de la part des employeurs. Au moment de l'implantation d'un changement, l'organisation doit pouvoir adopter des pratiques cohérentes en fonction des valeurs de son personnel et doit s'intéresser réellement au vécu des destinataires.

Les pratiques de gestion ont évolué

On croit souvent que le classement des entreprises est effectué à partir de leur chiffre d'affaires ou de leurs profits. Pourtant, chaque année, tant au Québec qu'au Canada et aux États-Unis, on sort un palmarès des meilleurs employeurs. Ce classement fait ressortir une évolution dans la façon dont les entreprises traitent leurs employés, qu'elles qualifient comme des coureurs à qui elles doivent leur réussite. Dans ces entreprises, la gestion des ressources humaines n'est pas un mal nécessaire, mais elle s'inscrit dans le plan stratégique. Les employeurs sont de plus en plus conscients que la réussite financière passe par un engagement de leurs effectifs. D'ailleurs, certains palmarès[3] y voient une évolution des mentalités : « La nouvelle façon d'évaluer les entreprises, précurseure de cette nouvelle ère où on va redécouvrir les vertus d'un certain humanisme, devrait récompenser celles qui respectent leurs employés. » Je partage cette vision nouvelle des meilleurs employeurs, et la gestion du changement devrait suivre cette tendance.

Nous sommes passés de l'ère industrielle à la société de l'information. Nous évoluons maintenant dans la société du savoir. La société du savoir commence chez l'individu, puis l'effort devient groupal, organisationnel et interorganisationnel (Nonaka et Takeuchi, 1995, et Takeuchi et Nonaka, 2004). Toutefois, la gestion du savoir et la gestion des connaissances sont basées essentiellement sur des valeurs individuelles et groupales. Tout commence par l'individu. Il n'y a pas de savoir sans les individus. En ce sens, le destinataire mérite qu'on lui accorde toute l'attention.

C'est pourquoi de plus en plus de dirigeants insistent sur le fait que rien n'est plus important que les personnes dans ce formidable mouvement d'adaptation aux nouvelles formes de concurrence (Hafsi et Demers, 1997). En effet, dans un environnement caractérisé entre autres par l'économie mondiale, la compétitivité internationale et l'introduction de nouvelles technologies, la ressource humaine devient l'élément le plus critique lorsqu'on souhaite réaliser un changement; on veut la rendre plus productive, polyvalente et mobilisée (Guérin et Wils, 1992).

De nouveaux modes de gestion favorisent l'appropriation du changement par les destinataires et leur accordent une importance manifeste. Ces nouveaux modes privilégient neuf dimensions: le sentiment d'appartenance envers l'organisation, les relations entre la direction et les employés, la perception du processus de gestion, la qualité de la supervision du personnel, la prise de décision, la diffusion de l'information et la rétroaction, l'évaluation du rendement et son suivi, l'accès aux occasions de formation et de carrière et, finalement, les avantages sociaux traditionnels et non traditionnels. Le but visé? Que les travailleurs s'adaptent de plus en plus vite et de mieux en mieux à plusieurs changements en même temps. Les employeurs s'attendent à conserver leur main-d'œuvre, à avoir une équipe motivée au plus haut point, à maintenir ou à rehausser le climat de confiance au sein de l'organisation. L'organisation s'attend à ce que le destinataire prenne des risques, soit proactif et demeure en bonne santé physique et mentale.

Pour réaliser ce défi en période de changement, les organisations n'ont d'autre choix que de se rapprocher de leurs ressources humaines et de leur accorder toute l'importance qu'elles méritent.

Certaines organisations modèles semblent mieux comprendre l'importance de se préoccuper vraiment de leur capital humain pour atteindre leurs objectifs d'affaires. Les valeurs préconisées par ces meilleures entreprises, les grands bouleversements de l'environnement, l'émergence de nouveaux courants de pensée en gestion ainsi que l'ère de la gestion des connaissances, de l'organisation apprenante et des communautés de pratique contribuent à ce que l'organisation reconnaisse que son succès tient à l'engagement de ressources humaines

compétentes, mieux éduquées, souvent rares, envers son projet organisationnel. Ces personnes compétentes apprécient l'autonomie, la
responsabilisation, les défis, le développement de soi, la fierté au travail,
les relations cordiales et respectueuses. Diagnostiquer leur vécu et prendre en compte leurs émotions et leurs inquiétudes durant la période de
changement constituent une preuve de respect envers elles et de gestion
éthique.

Le taux d'échec est élevé en matière de changements

On doit se préoccuper des destinataires parce qu'ils sont puissants et
parce que les mentalités ont évolué, mais aussi parce qu'ils constituent un facteur majeur de succès (ou d'échec) quand il s'agit d'effectuer des changements organisationnels.

Les données empiriques sur le taux de réussite et d'échec des changements planifiés indiquent à quel point ils sont difficiles à réaliser. Le
taux d'échec oscille entre 20 % et 80 %, selon le type de changement[4].
Lorsque les répondants aux enquêtes sont des décideurs ou des consultants qui les assistent, le taux d'échec ou de résultats décevants se
situe généralement entre 35 % et 55 %. Voilà qui est élevé compte
tenu qu'ils doivent avouer un certain état d'impuissance[5].

Dans le cas des processus de réingénierie, ce taux passe facilement à
70 %[6]. Il varie de 50 % à 75 % pour l'ensemble des nouvelles technologies (Jacob et Ducharme, 1995). Au regard des systèmes intégrés
de gestion, comme les ERP, ce taux atteint des sommets, soit de 60 %
à 90 %. Ptak et Schragenheim (2000) notent que plusieurs implantations de ERP produisent des retours sur investissement inférieurs à
ceux prévus, accusent des baisses de performance ou sont même
abandonnées en dépit des millions investis.

En général, près des deux tiers des changements imposés par la direction échouent.

D'après Kotter et Schlesinger (1979), qui apportent quelques nuances, peu de changements constituent de purs échecs; en revanche, bien peu sont des succès complets. La plupart mènent à des problèmes inattendus, exigent plus de temps que prévu, ce qui tue le moral et est très coûteux pour l'organisation (Bareil, 1997). On estime qu'en général les changements exigent deux fois plus de temps que prévu et coûtent 1,5 fois plus cher, tout en n'atteignant pas les résultats anticipés.

Ce constat démontre que le changement, particulièrement la mise en œuvre de transformations complexes, est loin d'être maîtrisé. En dépit des millions d'articles recensés (Van de Ven et Poole, 1995) sur le changement sous toutes ses formes, beaucoup d'apprentissages restent à faire au sujet des meilleures pratiques de mise en œuvre pour tous les types de changements, qu'ils soient culturels, structurels, technologiques ou de positionnement stratégique. Le changement organisationnel, surtout d'ordre stratégique, s'avère donc un « processus délicat, exigeant, complexe, imprévisible et émotivement intense », comme l'indiquent adéquatement mes collègues Hafsi et Fabi (1997).

La documentation scientifique et professionnelle[7] recense une panoplie de causes qui expliquent ce taux d'échec passablement élevé. Elles peuvent se regrouper sous quatre grandes catégories :

1. Les facteurs humains

2. La décision stratégique

3. La capacité de l'organisation à changer

4. La mise en œuvre du changement

Les facteurs humains

Nombre d'auteurs identifient la dimension humaine comme l'une des causes majeures d'échec de plusieurs changements organisation-nels[8]. Le facteur humain est relaté de différentes façons :

- *La résistance au changement.* Tout destinataire qui pose des questions sur le changement sera automatiquement traité de « résistant ». Tout commentaire sera considéré comme une preuve de résistance au changement. Lorsqu'il est question d'échec du changement, on associe souvent exclusivement le destinataire à la résistance au changement.

- *Le manque de considération du facteur humain.* On reproche au décideur de n'avoir pas tenu compte des dimensions humaines liées au changement et d'avoir opté pour une approche de gestion de projet. Par exemple, il a annoncé le changement, a tenté de convaincre l'employé du bien-fondé du changement et lui a demandé de s'y adapter, sans plus.

- *L'absence de participation au processus décisionnel et à la mise en œuvre.* Souvent, le dirigeant n'implique pas son personnel dans la conduite du changement et encore moins dans la prise de décision. Les employés doivent se conformer au changement prescrit.

- *Le manque d'adéquation entre les exigences du changement et la gestion des ressources humaines.* On demande aux employés de travailler en équipe, mais le rendement est évalué selon la performance individuelle. Pire, le travail ne requiert pas d'interdépendance entre les employés.

- *Les pertes engendrées par le changement.* Le changement engendre souvent des pertes de responsabilités, des pertes d'autonomie, des pertes d'acquis.

- *Les exigences du changement, par exemple en matière de savoir et de savoir-faire.* On néglige le fait que le changement entraîne l'apprentissage d'un nouveau logiciel, par exemple, ou la maîtrise de nouvelles habiletés, comme le travail en équipe.

- *Les conflits entre les objectifs organisationnels et les objectifs individuels.* Un employé au service à la clientèle veut bien répondre à la clientèle, mais il est évalué en fonction du nombre d'appels auxquels il répond plutôt que de la qualité de ses interventions.

- *Le peu de compréhension des facteurs humains.* Le décideur, trouvant que les individus ont des comportements imprévisibles, décide d'imposer sa façon de faire plutôt que d'écouter les employés.

Dans plusieurs études, on reproche au destinataire sa résistance au changement, à la fois pénible et inexplicable[9]. Certains auteurs disent que la résistance au changement est naturelle et inévitable. Toutefois, on ne sait pas forcément à quelle étape de l'implantation apparaît cette réaction. On cherche peu à l'expliquer de façon systématique. Le troisième chapitre y est entièrement consacré.

Lorsqu'on parle des facteurs humains, c'est souvent en termes négatifs, malheureusement. En effet, lorsque l'implantation d'un changement est couronnée de succès, il est plutôt rare que les efforts quotidiens d'adaptation de tous les membres de l'organisation soient salués! Les facteurs humains sont toutefois une des quatre grandes causes d'échec des changements organisationnels.

La décision stratégique

D'autres causes sont également retenues pour expliquer le taux d'échec élevé. Les organisations ne s'engagent pas dans un processus de changement sans raison. Malheureusement, le type de changement est souvent mal défini, ses raisons semblent illégitimes aux yeux des employés et la décision repose sur un diagnostic peu fiable. Les nombreux changements répétitifs rendent aussi la décision obsolète. Par exemple, lorsqu'on demande à un destinataire de modifier sa façon de travailler pour la quatrième fois en six mois, il peut remettre en cause la décision. Il se posera la question : « Ce changement est-il vraiment nécessaire ? » Nombreux sont les changements qui échouent à cause de la piètre qualité de la décision stratégique et d'une légitimité faible aux yeux des employés. Lorsque la décision de changer ne repose pas sur un bon diagnostic, il devient ardu de statuer autour de la légitimité du changement. Le changement peut alors être perçu comme une mode passagère.

La capacité de l'organisation à changer

Après avoir déterminé la pertinence d'implanter un changement, il faut aussi évaluer la capacité de l'organisation à changer. Certains changements échouent parce que l'organisation est inerte, incapable de changer. Des auteurs[10] rapportent différentes conditions déterminantes qui influent sur le déroulement du changement : la complexité du changement, sa légitimité, l'inertie de l'organisation, souvent traduite par sa culture et sa structure qui peuvent inhiber le changement, la disponibilité des ressources humaines, financières, temporelles et techniques, les pressions de l'environnement et du contexte, le soutien des groupes intéressés et, finalement, les caractéristiques psychologiques et les comportements des dirigeants.

Ces conditions déterminantes font également partie du diagnostic. Une mauvaise évaluation de la capacité à changer entraîne une sous-estimation des problèmes potentiels qui surviennent au moment d'introduire un changement majeur et qui peuvent faire en sorte que le changement n'atteindra pas les objectifs visés. Par exemple, sous-estimer l'impact de la culture et des sous-cultures organisationnelles dans le cas d'une fusion constitue une grave erreur. Et il importe de retenir que la capacité de changer qu'ont les personnes doit être prise en compte.

La mise en œuvre du changement

Parfois, un changement échoue parce qu'on rate sa mise en œuvre, tout simplement. Le plan d'action est flou et aucune stratégie d'action ne semble retenue. Les buts visés sont généraux et seule une date de fin de projet est annoncée. Un changement a moins de chances d'échouer s'il est soutenu par une démarche de transformation, c'est-à-dire un plan formel de conduite du changement, que Rondeau (2002, p. 96) appelle le scénario de changement. Ce scénario sera utile s'il est soutenu par certaines conditions. Rondeau (2002) décrit les conditions à créer au sein de l'organisation :

- *L'orientation.* Cette première condition vise à donner un sens au changement et à préciser sa nature. Le décideur parlera de la légitimité du changement, basée sur le diagnostic qu'il aura posé sur l'organisation. Il fera mieux comprendre pourquoi le changement est nécessaire et quel résultat il attend.

- *La sensibilisation.* Cette deuxième condition a pour but de créer une disposition positive chez le destinataire afin qu'il accepte d'investir son énergie dans le projet. Les activités d'information et de communication sont importantes. Le but visé est d'obtenir une proportion significative de destinataires qui saisissent les enjeux du changement et qui acceptent de s'y engager.

- *L'habilitation.* Le destinataire doit développer des capacités nouvelles. Il doit adopter des attitudes positives envers le changement et se sentir équipé pour le réaliser. Les activités de formation, de développement de nouvelles compétences, de soutien, un ajout de ressources et la mise en place d'indicateurs clairs sont nécessaires.

- *L'intégration.* D'autres conditions ont trait à la reconstruction d'une cohérence dans les systèmes organisationnels. Par exemple, on redéfinira plus formellement les rôles de chacun ou on modifiera les systèmes de gestion des ressources humaines pour les adapter au changement.

- *La régénération.* Finalement, on assurera la révision constante des pratiques, soit à l'aide de pratiques d'amélioration continue, de vigie ou de balisage concurrentiel.

Lorsque ces conditions ne sont pas créées et que les rôles des acteurs dans le changement sont négligés, les risques de dérapage sont plus élevés.

Les coûts sur le plan humain sont importants

L'impact négatif des changements sur la santé des travailleurs est bien réel. Le changement a souvent eu pour effet de laisser les ressources humaines dans un bien piètre état. On note une augmentation importante du stress, de l'anxiété, plusieurs cas d'épuisement professionnel et de dépression, sans compter les frustrations et les conflits non résolus. Abrahamson (2004) déplore le cynisme et le taux d'épuisement élevé des employés à la suite des nombreux changements successifs et radicaux. De plus, à cause du changement, on assiste, parfois impuissant, au départ de bons employés.

Ces coûts laissent des traces dans la « mémoire collective » d'une organisation. Les difficultés éprouvées au moment de l'implantation d'un changement donné ressortent sous la forme de cynisme, de scepticisme et de résistance à l'occasion de changements ultérieurs.

Plusieurs plaies ne se referment pas, même après de nombreuses années, à la suite d'un échec. Elles ont des coûts cachés : moins bonne performance individuelle, groupale et organisationnelle, climat de confiance qui se détériore et diminution de l'engagement affectif envers l'organisation.

Les décideurs doivent faire leur examen de conscience ; ils doivent non seulement comprendre que ces coûts sont élevés, mais que les changements ont souvent des impacts importants sur la qualité de vie des travailleurs.

Donner trop d'attention au destinataire, est-ce possible ?

Peut-on verser dans l'excès à trop vouloir se préoccuper du destinataire ? Cette question est tout à fait légitime quand on sait que l'une des explications du taux d'échec élevé demeure le facteur humain.

Dans ma pratique, j'ai souvent entendu des gestionnaires affirmer que les employés doivent se conformer au changement prescrit et que c'est le rôle de la direction de l'imposer. Ils disent que d'accorder trop d'attention aux destinataires est dangereux parce que le décideur ne maîtrisera plus le changement. Je doute fort qu'on puisse verser dans un tel excès, surtout en cette époque où les changements radicaux s'effectuent de plus en plus rapidement, où les destinataires sont touchés par deux ou trois changements en même temps, où l'efficacité ne peut être diminuée, où le service à la clientèle doit être maintenu et où les ressources sont encore trop peu présentes. Je déplore au contraire le peu de considération accordée jusqu'ici aux destinataires et les conséquences négatives qui en découlent sur la santé de ces personnes.

Une approche axée davantage (mais non exclusivement) sur les destinataires n'est-elle pas tout aussi perverse ? Certains directeurs diront qu'elle nécessite un temps excessif consacré à des discussions interminables ; d'autres craindront la pagaille et le chaos, pensant que tout un chacun voudra y aller de ses doléances, de ses inquiétudes. D'autres encore redouteront que tout cela dégénère en un climat malsain et en une augmentation des besoins, mettant ainsi l'accent sur ce qui ne va pas plutôt que sur ce qui va bien.

Sachez que le fait de consulter les employés sur leurs préoccupations et leurs inquiétudes concernant le changement a des effets apaisants, bénéfiques et facilitants :

1. *Les destinataires sont heureux que leur employeur se soucie de leur bien-être au moment du changement.* En ce sens, leur engagement affectif envers leur employeur tend à s'accroître plutôt qu'à diminuer.

2. *L'anarchie est évitée.* En canalisant les énergies tant positives que négatives vers les discussions et la recherche de solutions, on garde le cap sur un déroulement positif et respectueux des personnes. Le fait de les traiter d'une manière responsable les engage à une plus grande autonomie et à une plus grande responsabilisation.

3. *On crée du soutien entre les individus.* Les destinataires se rendent compte, collectivement, qu'ils partagent les mêmes inquiétudes. Ils disent tout haut ce qu'ils pensent, ils sortent de leur isolement.

4. *On peut réagir aux préoccupations dès qu'elles se présentent.* Les managers sont plus utiles parce qu'ils ont accès au vécu des destinataires. Ils peuvent intervenir directement et agir efficacement.

Conclusion

Le volet humain ne peut plus être négligé en période de changement. Alors que les attentes de la main-d'œuvre évoluent, les organisations doivent dorénavant gérer le projet du changement mais aussi porter une attention particulière aux enjeux humains afin que le destinataire s'approprie le changement avec succès. Le destinataire mérite d'être écouté, entendu et respecté. Des interventions appropriées et efficaces doivent être entreprises pour répondre à ses préoccupations et à ses besoins.

En pratique, cette approche s'ajoute aux phases essentielles de diagnostic, de planification stratégique, de planification de la mise en œuvre et de son exécution. Elle n'est pas la seule approche à préconiser, mais elle constitue sans aucun doute une approche majeure qui ne peut plus être ignorée. Le destinataire devient un acteur clé du changement dont il faut se préoccuper davantage.

NOTES

[1] Selon une recension des écrits de Céline Boffo effectuée pour sa thèse de doctorat.

[2] Ces auteurs et praticiens sont : Beckhard et Harris (1977) ; Blanchard (1992); Burke (1994); Fink, Beak et Taddeo (1971) ; Gambrell et Stevens (1992).

[3] Source : M. Quinty (2002ab), p. 50.

[4] Consulter Savoie, Bareil, Rondeau et Boudrias (2004) ; Wellins et Murphy (1995).

[5] Consulter Cascio (1995); Hammer et Champy (1993) ; Jacob et Ducharme (1995); Majchrzak (1988); Stewart (1993).

[6] Voir Bashein, Markus et Riley (1994); Hammer et Champy (1993); Wellins et Murphy (1995).

[7] Voir Kotter (1996) au sujet des huit erreurs les plus fréquentes en matière de changement organisationnel.

[8] Voir Bashein, Markus et Riley (1994); Majchrzak (1988); Rutherford, Hall et Newlove (1982); Wellins et Murphy (1995).

[9] Voir Brassard (1996).

[10] Voir Rondeau (2002, p. 100); Hafsi et Demers (1997).

2 〉 *Le destinataire, responsable de son appropriation*

Le destinataire est non seulement un acteur principal du changement, mais il est également responsable de s'approprier le changement. On peut lui tenir la main pendant un temps, mais pour intégrer le changement dans son quotidien, il doit jouer pleinement son rôle.

Dans ce chapitre, je traite des rôles qu'un bon destinataire doit jouer. Il n'est pas toujours facile de jouer tous ces rôles, c'est pourquoi j'aborde les problématiques que vit souvent le destinataire. Chaque problématique est jumelée à un défi qu'il doit lui-même relever. Deux outils de diagnostic utiles sont ensuite proposés pour aider le destinataire (et son patron) à mieux percevoir les nombreux effets d'un changement organisationnel.

Le rôle actif du destinataire

Lorsque le changement est imposé, il n'est pas toujours facile pour un destinataire de jouer un rôle actif. Il lui est bien plus aisé de jouer les victimes, de rouspéter, d'affirmer qu'il n'a pas demandé le changement, que son employeur le lui a imposé. Pourtant, en tant qu'acteur principal du changement, le destinataire a plusieurs rôles actifs à jouer.

Avant de décrire ces rôles, analysons d'un peu plus près la conduite individuelle. En période de changement et d'incertitude, il est difficile de prédire le comportement d'un individu ou d'un groupe d'individus. Cela dit, Kurt Lewin (1952) a formulé un postulat intégrateur pouvant expliquer et modifier la conduite individuelle. Selon la formule définie par Lewin, le comportement individuel (Cpt) est fonction (f) de la personnalité (P) d'un individu, en interaction avec son environnement (E) : Cpt = f (P x E).

Ainsi, un individu a tendance à se comporter différemment selon le type de changement et d'environnement auquel il est soumis. En revanche, peu importe l'environnement, il a quand même tendance à maintenir certains comportements, issus de sa personnalité.

Brunet et Savoie (1999) avancent qu'en modifiant l'environnement (E), il serait théoriquement possible de modifier dans un sens donné le comportement (Cpt) de la majorité des individus. Ils notent également que la conduite individuelle peut varier d'un individu à l'autre, car le facteur personnalité (P) module l'impact de l'environnement (E). Ils concluent en disant que dans l'ensemble les nouveaux comportements vont plus ou moins dans le même sens.

Analysée sous l'angle du changement organisationnel, cette formule atteste le fait que le comportement du destinataire peut être modifié dans le sens souhaité par le type de changement, si les conditions organisationnelles (E) sont propices au changement. Les conditions de l'environnement incluent notamment le temps et du soutien sous toutes ses formes : encouragement, organisation de la tâche, clarté du rôle et des attentes, formation, etc.

Par exemple, lorsqu'une nouvelle technologie est présentée aux utilisateurs, elle n'arrive pas en « terrain vierge » dans un environnement (E). Le comportement des utilisateurs est fonction de l'environnement, des conditions créées pour l'apprentissage mais aussi de la personne et de sa perception de la technologie, de son utilité et de sa facilité d'utilisation.

Mais quel est ce comportement? On dit du destinataire qu'il doit **s'adapter** et **s'approprier le changement.** Les termes « appropriation, adaptation, apprentissage, adoption et utilisation » sont souvent utilisés indistinctement tant dans le langage courant que dans le jargon scientifique. Une clarification terminologique s'impose.

S'approprier signifie « faire sien, rendre convenable, s'attribuer la propriété ». En matière de changement organisationnel, le destinataire vit un processus intérieur, **l'appropriation,** par lequel il fait sien le changement, extérieur à lui, et **s'en empare intérieurement.** On dit qu'il s'approprie le changement lorsqu'il adopte de nouvelles façons de travailler, plus conformes à l'orientation du changement.

L'adaptation fait référence à un effort soutenu pour satisfaire des exigences élevées ou qui dépassent les capacités. Elle sous-entend que le destinataire doit accepter le changement et s'y conformer, sans nécessairement avoir le choix. Selon cette conception, le destinataire *subit* le changement, en est la victime, idée que je ne soutiens pas nécessairement.

L'apprentissage vise non seulement à acquérir des connaissances mais aussi à modifier des habitudes. L'apprentissage est, selon Morin (1996), un processus psychologique responsable de la modification des attitudes et des conduites de l'individu. Le changement implique souvent que les destinataires acquièrent de nouvelles connaissances, attitudes, comportements, compétences, menant à la maîtrise de nouvelles habitudes de travail. Il implique également de nouvelles routines et la révision du rôle de chacun.

L'adoption désigne plutôt la décision d'approuver le changement et l'action qui en découle. Ainsi, le destinataire adopterait le changement lorsqu'il prendrait la décision de suivre la voie du changement.

Finalement, **l'utilisation** réfère davantage à la manière d'utiliser et d'appliquer le changement, surtout le changement de type technologique.

Au cours de son processus d'appropriation, le destinataire doit adopter le changement. Il doit faire les efforts pour s'en emparer psychologiquement, intellectuellement et physiquement, par ses gestes et ses actions, et se l'approprier selon un processus cognitif, affectif et comportemental. Il n'a pas nécessairement à s'y *adapter,* comme l'organisation l'entend.

Envers le changement annoncé, le destinataire possède des **droits** et des **obligations.** Il a le droit d'être écouté, respecté, aidé et soutenu dans l'apprentissage de ses nouvelles tâches et dans son appropriation du changement. Par ailleurs, il a aussi des responsabilités, qui prennent la forme de rôles. Trois rôles sont davantage **introspectifs** ; deux autres sont plutôt **manifestes.** Voyons-les en détail.

TABLEAU 1

LES RÔLES INTROSPECTIFS
ET MANIFESTES DES DESTINATAIRES

RÔLES INTROSPECTIFS	RÔLES MANIFESTES
Détection	Intervenant
Diagnosticien	Influence
Décideur	

Les rôles introspectifs

Les rôles introspectifs visent à ce que le destinataire comprenne le bien-fondé du changement puis décide d'y consacrer des efforts.

Le rôle de détection

Le premier rôle du destinataire consiste à se rendre compte qu'il est concerné par le changement. Ce rôle de détection est le contraire de l'indifférence. Par exemple, à l'annonce de l'arrivée de nouveaux produits, le représentant doit réaliser qu'il en sera le destinataire et que le nouveau produit fera désormais partie de sa gamme. Il doit se sentir concerné par ces nouveautés et se montrer intéressé à lire les communiqués à leur sujet.

Le rôle de diagnosticien

Lorsqu'il devient plus conscient du changement, le destinataire joue alors le rôle de diagnosticien. Il évalue la légitimité du changement et ses répercussions sur son travail. Ce processus naturel peut apparaître avant que le destinataire se sente concerné. Il essaie de comprendre le changement proposé.

Pour jouer son rôle de diagnosticien, le destinataire doit être actif. Avant d'adopter le changement, il doit l'étudier, le remettre en question, essayer de le comprendre et en évaluer la légitimité et la nécessité. Il peut ainsi faire le constat que le changement est une bonne chose pour l'organisation mais peu bénéfique pour lui. Il peut faire le constat que le changement est malvenu dans l'organisation. Il agira en conséquence. Il peut aussi faire le constat que le changement sera bénéfique pour lui *et* pour l'organisation. Ce contexte lui facilitera la tâche.

Par exemple, à l'annonce du déménagement de son employeur, le destinataire se montrera curieux au sujet du nouvel emplacement et de la nécessité de déménager. Il voudra connaître la date prévue du déménagement, en savoir davantage sur la localisation des bureaux, etc. En fait, il réalisera qu'il s'agit véritablement d'un changement. Pour Bridges (1991), le changement est une modification objective de notre environnement. Débutant généralement par une nouveauté, il vient perturber l'équilibre établi : nouvel organigramme, nomination d'un nouveau dirigeant, déménagement du siège social, réorganisation, réduction des effectifs, changement d'un système informatique. Il est extérieur à soi et fixé dans le temps. Le destinataire « diagnosticien » se sentira concerné par le changement parce qu'il le comprendra mieux. Il en saisira la portée sur son travail.

Il jouera pleinement son rôle de diagnosticien dans la mesure où il percevra clairement ce que le changement remet en cause dans son travail. Les deux outils proposés à la fin de ce chapitre pourront lui être utiles pour poser un diagnostic sur les impacts du changement sur son travail.

Le rôle de décideur
Nous passerons outre les traits de personnalité, difficilement modifiables, pour concentrer notre attention autour d'autres variables, sur

lesquelles le destinataire a de l'influence. Ainsi, le destinataire a un rôle introspectif de décideur pour lui-même. Il doit décider s'il veut changer et s'il peut changer.

J'attribue au destinataire un rôle de réflexion et de décision. Le destinataire, après observation de son environnement immédiat, peut vouloir changer, et ainsi devenir plus motivé par rapport au changement. Sa motivation sera fonction d'une analyse coût/bénéfice personnelle et organisationnelle, selon des critères qui lui sont propres et qui sont tirés de ses valeurs. Plusieurs approches théoriques veulent que cette motivation émerge à la suite d'un deuil ou de l'acceptation que le passé est derrière soi et qu'il faut passer à autre chose.

Le destinataire doit aussi vouloir apprendre, c'est-à-dire démontrer une ouverture à intégrer de nouvelles connaissances et compétences dans ses routines. Son rôle de décideur l'amènera également à se questionner sur sa capacité à changer. Compte tenu des impacts du changement sur sa tâche, il saura s'il possède les capacités cognitives, affectives, physiques et professionnelles pour assumer le changement et prendra les mesures appropriées. Par exemple, afin de réduire les effectifs à la suite d'une fusion, on peut demander aux employés de postuler à leur propre emploi. Par exemple, Lyne joue son rôle de décideur lorsqu'elle évalue les possibilités de rester dans l'organisation ou de la quitter. Elle se questionne sur sa volonté à rester dans l'organisation et sur ses capacités à adopter des façons de faire plus rigides. Finalement, elle décide de se chercher un emploi dans une autre entreprise.

En fait, le rôle de décideur amène le destinataire à dresser une liste de demandes ou de conditions qu'il pourrait présenter à son patron. Ce diagnostic pourrait même le mener à démissionner ou à prendre un nouveau virage dans sa carrière, dans le cas où les coûts personnels estimés seraient supérieurs aux bénéfices récoltés. Les individus qui font un virage important dans leur carrière se sentent moins stressés que ceux qui subissent le changement en tant que victimes. Même après quelque temps, les premiers sont plus heureux dans leur nouvelle carrière que dans l'ancienne parce qu'ils ont pu relever de nouveaux défis.

En bref, le destinataire doit décider s'il veut et s'il peut consacrer les efforts nécessaires à son appropriation du changement.

Les rôles manifestes

Les rôles manifestes font appel à la manifestation de comportements explicites de la part des destinataires.

Le rôle d'intervenant

Le destinataire doit chercher à satisfaire ses besoins et ses préoccupations. Il vise à réduire les zones d'inconfort dans lesquelles il se trouve tout au long de la mise en œuvre d'un changement. Il agit.

Le destinataire est à la tête de sa propre démarche d'appropriation ; il a différentes réactions, il cherche à explorer, à innover et à parfaire son appropriation. Il déploie des efforts pour comprendre, apprendre et s'habituer à de nouvelles tâches. Par exemple, devant un nouveau logiciel, Mario explore, à l'aide de son guide de l'utilisateur et de la fonction « Aide », les différentes applications de l'outil. Parfois, il découvre des trucs plus rapides ; parfois, il est incapable d'arriver à ses fins. Il joue son rôle d'intervenant dans le changement par son expérimentation du nouveau logiciel. Il se sent responsable de son appropriation du changement. En ce sens, il n'est pas le destinataire passif, victime et traité en profane.

Le destinataire s'assure également de son bien-être psychologique et physique. Il connaît ses limites et apprend à faire la part des choses entre les situations qu'il ne peut changer et celles qu'il peut ou veut modifier.

Le rôle d'influence

Lorsque le destinataire a une bonne idée des effets qu'a le changement sur son travail, il peut faire en sorte que son patron réponde
mieux à ses besoins. Il joue alors un rôle d'influence. Le destinataire
est la ressource la mieux placée pour déterminer les conditions de
l'environnement facilitant son adaptation. Par exemple, Marguerite
rencontre son patron pour discuter de ses besoins. Après six mois de
télétravail, elle éprouve le besoin d'avoir des réunions plus fréquentes
avec ses collègues et son supérieur. Elle a également besoin de mieux
saisir les politiques de l'entreprise parce qu'elle travaille à distance.
Elle a besoin d'un document à jour colligeant les politiques et les
ressources de l'entreprise.

S'il veut être efficace, le destinataire doit cependant connaître les limites
organisationnelles. Ses demandes doivent être justifiées et exprimées
clairement.

Les 7 défis du destinataire

Pour le destinataire, jouer ces cinq rôles n'est pas une sinécure. On lui
reproche trop facilement de ne pas prendre tous les moyens pour
s'approprier le changement. Toutefois, le destinataire est aux prises
avec des problématiques qui lui sont propres. Ces problématiques
sont formulées sous la forme de défis qu'il doit relever dans le contexte d'un changement organisationnel d'envergure.

La majorité des destinataires que j'ai rencontrés au cours d'entretiens
de recherche étaient modérément réceptifs au changement annoncé.
Très peu s'y opposaient fortement. Beaucoup étaient plutôt neutres.
Un petit nombre était enchanté. Pour réussir un changement, la
bonne volonté ne suffit pas ni le fait de demander un changement.
Ce sont des mythes.

Présumons donc que le changement est efficace pour l'organisation et généralement bon pour ses membres. Considérant aussi que la majorité des destinataires ont de la bonne volonté, nous pouvons évoquer les problématiques suivantes.

Essayons de comprendre la situation du destinataire, de son propre point de vue.

PROBLÉMATIQUES DU DESTINATAIRE	DÉFIS À RELEVER POUR LE DESTINATAIRE
1. Ne pas pouvoir contribuer	1. Contribuer
2. Subir le changement	2. S'approprier le changement
3. Minimiser les efforts	3. Répondre à des exigences acceptables
4. Être nécessairement perçu comme résistant au changement	4. Légitimer ses réactions
5. Changer en peu de temps	5. Exiger suffisamment de temps
6. Être incapable de changer	6. Trouver des solutions acceptables
7. N'être pas mesuré	7. Suggérer des mesures d'efficacité

Contribuer

Une des problématiques importantes que vit le destinataire est sa crainte de ne pas pouvoir contribuer à la mise en œuvre du changement. En effet, tout au long de la période de mise en œuvre, le destinataire craint de ne pas être consulté sur les changements apportés à sa tâche. Il a peur que le changement se fasse sans lui.

Le destinataire veut contribuer, participer et être consulté. La consultation et la participation à la prise de décision sont reconnues depuis longtemps comme des conditions facilitant le changement. Toutefois, dans la pratique, elles ne sont pas appliquées aussi souvent qu'elles le devraient.

La contribution du destinataire peut débuter dès la prise de décision, ce qui est à favoriser. Elle doit au moins s'effectuer lors de la mise en œuvre du changement. Lorsque le changement touche un grand nombre de destinataires, l'organisation peut mettre sur pied un comité dont le mandat sera de prendre le pouls des différents groupes de destinataires. Il n'en demeure pas moins que le défi du destinataire consiste à contribuer au changement et à influencer la façon dont il sera implanté.

S'approprier le changement

Plutôt que de subir le changement, le destinataire a le défi de se l'approprier. Il ne doit pas jouer à la victime en subissant le changement. Certains destinataires croient qu'ils n'ont d'autre choix que d'agir ainsi. Ils passent leur énergie à se plaindre, à se dire qu'ils n'ont pas eu le choix, que ce n'est pas leur faute et qu'on leur a imposé ce changement qu'ils ne désiraient pas…

Pourtant, ses rôles d'intervenant et de décideur devraient pousser le destinataire à créer les conditions nécessaires à son appropriation du changement. Il doit créer sa propre capacité à changer.

Répondre à des exigences acceptables

Le destinataire vit une problématique quant aux exigences du décideur. Souvent, les gestionnaires sous-estiment les efforts et les exigences que requiert le changement. Le fait de minimiser les efforts ne favorise pas l'appropriation. Par exemple, afin de ne pas effrayer les employés, les managers sont souvent portés à présenter le changement comme s'il s'agissait d'un « tout petit » changement. Cela a comme conséquence de décourager tout destinataire qui éprouve des difficultés à vivre ce processus. Surestimer les efforts qu'implique le changement n'est pas mieux ; cela engendre un sentiment d'impuissance. Le défi du destinataire consiste à bien évaluer les exigences et à répondre à celles qu'il trouve acceptables. C'est lui qui est conscient de l'écart entre ce qu'il peut changer et ce qu'il changera difficilement. Une fois qu'il aura trouvé le juste milieu, il devra partager son constat avec son patron.

Légitimer ses réactions

Le destinataire est souvent (sinon toujours) perçu comme un être résistant au changement. Quoi qu'il fasse, on lui accolera cette étiquette. S'il ne dit rien, c'est qu'il est résistant ; s'il s'interroge sur la pertinence du changement ou de certains de ses éléments, il est aussi perçu comme négatif et résistant. Poser des questions et s'interroger font pourtant partie d'un processus d'assimilation et d'apprentissage. La résistance au changement sera traitée plus en profondeur au prochain chapitre.

Le défi du destinataire consiste à légitimer ses réactions. Il doit savoir que ses réactions sont parfaitement légitimes, normales, et font partie du processus de la transition. D'ailleurs, un patron qui perçoit les réactions du destinataire comme une occasion de mieux le connaître est plus en mesure de l'aider.

Exiger suffisamment de temps

Souvent, le destinataire manque de temps. S'approprier un changement exige du temps de qualité pour écouter ses voies intérieures, se faire une idée, critiquer, faire son deuil de la situation passée et, par la suite, s'ouvrir à de nouvelles dimensions. Tout comme le décideur qui a pris du temps (au moins quelques mois) pour peser le pour et le contre de sa nouvelle orientation stratégique, le destinataire aussi doit avoir suffisamment de temps pour s'y adapter.

Une période suffisante, négociée entre le destinataire et son supérieur, en fonction des exigences des changements demandés, devrait être accordée. Cette période varie d'un individu ou d'une équipe à une autre, ce qui exige de la souplesse. Il s'agit d'en parler, d'en discuter et d'en venir à une entente réaliste.

Trouver des solutions acceptables

Le destinataire est parfois contraint d'admettre qu'il est incapable de satisfaire les nouvelles exigences pour différentes raisons personnelles ou administratives. Il doit se résoudre à laisser son poste et à trouver sa voie parmi différentes possibilités : occuper un autre poste dans l'organisation, prendre une retraite anticipée ou une semi-retraite, accepter une indemnité de départ ou se trouver un emploi ailleurs. Pour le destinataire qui n'a pas ou n'a plus les capacités d'affronter la nouvelle réalité, ou qui n'en a tout simplement pas envie, ce constat ne se fait pas sans heurts, qu'il s'en rende compte lui-même ou que son supérieur le place devant cette réalité.

Trouver une solution acceptable pour lui et son organisation devient son défi. La solution ne tient pas uniquement dans la décision ; elle réside aussi dans la façon de faire, à l'intérieur d'un processus respectueux des personnes.

Suggérer des mesures d'efficacité

L'efficacité du destinataire est rarement mesurée, ce qui est déplorable puisque le destinataire fait des efforts pour s'approprier le change-ment et parvenir à un degré d'efficacité satisfaisant. Il aimerait qu'un suivi de son rendement et de son efficacité au travail soit réalisé, de sorte qu'ils soient reconnus.

Le défi du destinataire consiste à trouver des mesures d'efficacité fiables. Il faut que soient reconnus les résultats visibles mais aussi les efforts déployés.

2 outils utiles pour diagnostiquer les impacts du changement

Pour aider le destinataire à jouer ses rôles et à relever ses défis, je suggère deux outils, particulièrement utiles au diagnosticien du changement. Le manager peut également les utiliser pour mesurer l'ampleur du changement et ses impacts sur les destinataires.

L'inventaire de ce que le changement remet en cause

Lorsqu'un changement organisationnel se met en place, il exige du destinataire des efforts supplémentaires pour juxtaposer au quotidien les nouvelles exigences du changement à ses habitudes (Savoie, Bareil, Rondeau et Boudrias, 2004). Malheureusement, on tient rarement compte des impacts du changement sur la tâche de chaque personne, et plus rarement encore les estime-t-on adéquatement. C'est pourquoi il est utile de tracer ce bilan de ce que le changement remet en cause pour tout destinataire (voir tableau 2).

Au lieu de parler des « effets du changement », je préfère parler de « ce que le changement remet en cause chez le destinataire ». Cela respecte la position constructiviste et humaniste du destinataire.

TABLEAU 2

OUTIL 1 :
L'INVENTAIRE DE CE QUE LE CHANGEMENT REMET EN CAUSE

Les savoirs	Connaissances techniques
	Connaissances professionnelles
	Habiletés techniques
	Habiletés professionnelles
	Habiletés relationnelles
La motivation	Valeurs personnelles
	Sens du travail
	Autonomie

	Pouvoir, influence
	Contrôle
	Rétroaction sur la tâche
	Sécurité d'emploi
	Possibilités de promotion
	Qualité de vie au travail
	Contenu de la tâche
	Rôles
Les outils de travail	Nouvelles technologies liées aux opérations
	Nouvelles technologies d'information et de communication
	Nouveau poste de travail
L'organisation du travail	Organisation du travail et de la tâche
	Structuration de la tâche
	Style de gestion
	Nouveau patron
	Méthodes de travail
	Mécanismes de coordination
	Relations intergroupes
	Territoire
	Aménagement physique du travail
	Lieu de travail – proximité du domicile
	Droits acquis
	Liens d'appartenance
Les systèmes organisationnels	Politiques
	Pratiques de gestion des ressources humaines
	Systèmes d'évaluation du rendement
	Systèmes de rémunération
	Climat de travail
	Avantages sociaux
	Relations syndicales
	Valeurs organisationnelles
	Sources de pouvoir

Plus le changement remet en cause un nombre élevé d'éléments, plus l'appropriation risque de prendre du temps, de nécessiter des moyens appropriés et un bon suivi. Il vaut mieux faire un bon diagnostic, par type de destinataires (directs ou indirects), plutôt que de réagir aux impacts au fur et à mesure qu'ils se présentent.

Par ailleurs, j'ai mis en relief dans l'inventaire cinq blocs de dimensions que le changement peut remettre en cause. Loin d'être exhaustive, cette liste offre une amorce de réflexion sur tous les impacts à gérer.

Les savoirs

Le changement peut remettre en cause les savoirs du destinataire. Il est question ici non seulement des connaissances techniques du métier mais aussi des connaissances professionnelles et des habiletés. Acquérir des connaissances est une chose ; maîtriser des habiletés en est une autre !

Les changements nécessitent parfois de nouvelles habiletés tant techniques que relationnelles. C'est le cas si un spécialiste en informatique n'a plus à concevoir des systèmes performants mais doit plutôt répondre aux besoins des usagers. Pour ce faire, il doit entrer en contact avec de nouvelles personnes. Ce passage vers un rôle relationnel implique des compétences fort distinctes qui, si non maîtrisées, peuvent rendre le changement complexe pour le destinataire.

La motivation

Le destinataire trouvait certaines sources de motivation dans sa tâche précédente qu'il ne retrouve plus nécessairement dans sa nouvelle tâche, remodelée à l'image du changement. Les sources de motivation du destinataire ne sont pas négligeables. Le changement peut remettre en cause certaines valeurs auxquelles le destinataire tenait, comme l'entraide et l'amitié entre collègues, alors que le changement le confine dans un rôle de règlement de conflits et de compétitivité. Le sens donné à son travail peut aussi changer. Prenons le cas de Nadia qui se valorisait par la rigueur et la minutie avec lesquelles elle préparait ses rapports. Dorénavant, le système informatique les produira à sa place.

Les caractéristiques d'un travail motivant (Morin, 1996) peuvent aussi être remises en cause. Martin peut percevoir que sa nouvelle tâche lui fait perdre de l'autonomie, du pouvoir ou le contrôle de son travail. Mais une plus grande autonomie ou plus de pouvoir ou de contrôle n'entraîne pas nécessairement une plus grande motivation chez l'individu touché. Cela dépend de sa propre perception des choses. Le changement peut remettre en cause la rétroaction, la sécurité d'emploi, les possibilités de promotion et la qualité de vie au travail. Bref, la nature et le contenu de la tâche ou du rôle peuvent avoir des effets majeurs sur la motivation du destinataire.

Les outils de travail

Les outils de travail peuvent être nouveaux pour le destinataire. Il peut s'agir de nouvelles technologies liées aux opérations ou de nouvelles technologies d'information et de communication, communément appelées les NTIC. Le destinataire peut dorénavant avoir accès à Internet, à de nouvelles plates-formes ou à des forums de discussion pour son travail. Comme ces nouveaux outils ne sont pas toujours très performants en début d'implantation, il peut douter de leur efficacité. De simples arguments sont loin de satisfaire un destinataire sceptique. Un nouveau poste de travail, plus ergonomique et mieux équipé, peut comporter des éléments auxquels il faut s'adapter. Par exemple, une organisation a installé progressivement de nouveaux postes de travail, beaucoup plus fonctionnels et agréables, pour ses préposés au service à la clientèle, qui doivent tout de même s'y habituer.

L'organisation du travail

Le changement peut aussi remettre en cause plusieurs composantes de l'organisation du travail, de la tâche du destinataire. En plus de la structuration de la tâche, le rôle peut avoir été modifié. Le style de gestion du supérieur peut être renouvelé, quand ce n'est pas le supérieur lui-même qu'il l'est. Les méthodes de travail, les mécanismes de coordination entre les services et les relations entre les sous-groupes peuvent être touchés.

C'est souvent le « territoire », soit l'aménagement physique, qui est retenu comme élément important. À ce titre, certains changements structuraux comme le télétravail peuvent toucher le destinataire dans son environnement immédiat : modification de son espace de travail, du rythme de travail, de sa table de travail ou de l'emplacement de son bureau.

Le destinataire peut passer d'un bureau fermé à un bureau séparé des autres avec des cloisons amovibles ou encore à un poste de travail dans une aire ouverte. Pour un autre, ce sera sa place de stationnement qui ne sera plus la même. L'éloignement du domicile engendre des préoccupations lors du déménagement de l'employeur. Les conditions générales de travail peuvent être modifiées de même que les liens d'appartenance, souvent sources de satisfaction au travail. Finalement, il ne faut pas négliger la perte de certains droits acquis, comme les pauses, les horaires de travail ou les heures de lunch.

Les systèmes organisationnels

Finalement, le changement peut remettre en cause la pertinence et l'utilité de certains systèmes organisationnels. Plusieurs systèmes, politiques et pratiques de gestion des ressources humaines sont remis en cause. Ainsi, les systèmes d'évaluation du rendement et de rémunération de même que les avantages sociaux peuvent être revus s'il y a implantation d'équipes semi-autonomes, qui nécessitent des systèmes plus collectifs qu'individuels. Les relations syndicales peuvent aussi être revues. Parfois, la culture organisationnelle influencée par de nouvelles valeurs peut être un enjeu qui a des répercussions sur les destinataires.

Les 4 degrés d'exigences du changement

Dans la même veine que l'inventaire précédent, une autre nomenclature permet de classifier le changement individuel[1]. Ce sont les degrés alpha, bêta, gamma A et gamma B (voir tableau 3). L'ampleur du changement dépend de l'écart entre la situation initiale et la situation attendue : plus cette dernière implique l'acquisition de compétences (savoirs, habiletés et attitudes) et de valeurs différentes, plus le changement requiert un investissement majeur chez le destinataire.

TABLEAU 3

OUTIL 2 :
LES 4 DEGRÉS D'EXIGENCES DU CHANGEMENT

DEGRÉ ALPHA	Changement de quelques éléments du travail, qui n'en modifie ni le sens ni la façon de le faire.
DEGRÉ BÊTA	Changement de plusieurs éléments significatifs du travail, qui n'en modifie pas le sens.
DEGRÉ GAMMA A	Changement dans la façon de faire le travail, qui en modifie le sens ; les mêmes éléments demeurent.
DEGRÉ GAMMA B	Transformation du travail qui en modifie le sens et la façon de le faire ; ajout de plusieurs nouveaux éléments.

Claire, acheteuse de pièces mécaniques dans une petite usine, nous servira à illustrer ces différents degrés d'exigences. Claire est responsable du choix des fournisseurs et des achats. La visite des foires annuelles fait partie de ses tâches.

Le **degré alpha** consiste en un changement de quelques éléments du travail. Ni le sens de son travail ni la façon de le faire ne sont modifiés. Dans le contexte compétitif de l'entreprise, on demande à Claire de continuer d'acheter les pièces mécaniques auprès des fournisseurs locaux et d'acheter également les composantes électriques et électroniques et les fournitures de bureau. Elle cumulera ainsi deux tâches et demie. Elle devra faire appel à d'autres fournisseurs et bien connaître les produits qu'elle commandera. Elle fera affaire avec un plus grand nombre de superviseurs et de cadres dans l'usine. Elle est toujours acheteuse, mais de nouveaux éléments s'ajoutent : les composantes électriques, électroniques et les fournitures de bureau.

Le **degré bêta** implique le changement de plusieurs éléments significatifs du travail sans en modifier le sens. On demande à Claire de rationaliser les achats et de se joindre à un groupement d'achat afin d'obtenir les meilleurs prix et de limiter les frais de transport. Elle continuera à faire les achats, mais sa façon de travailler devra changer. Elle devra porter une plus grande attention aux coûts et négocier de façon plus serrée. Ce ne sera plus nécessairement le choix du meilleur produit, répondant le mieux au besoin, qui primera, mais plutôt le fournisseur qui approvisionne le groupement. Ce changement entraîne une nouvelle façon de faire pour Claire. Dorénavant, elle devra accorder plus d'importance aux coûts qu'à la satisfaction de ses clients internes.

Un **degré gamma A** fait référence à un changement dans la façon de faire le travail, qui modifie même le sens du travail ; les mêmes éléments demeurent. À la suite de l'acquisition de l'usine par un géant, Claire doit s'intégrer à l'équipe d'achats centralisée au siège social. Son rôle sera dorénavant de faire les achats pour toutes les usines canadiennes et d'entretenir de bonnes relations avec les acheteurs locaux, dont le rôle se limite à passer les commandes au groupe d'achats central et de recevoir la marchandise. Au lieu de répondre aux besoins particuliers des superviseurs d'usine, elle devra répondre à des acheteurs collègues. Ce seront eux ses clients internes. La centralisation l'oblige à respecter la structure organisationnelle et ses politiques, parfois au détriment des acheteurs locaux dont les besoins sont pointus. Elle doit apprendre à gérer les insatisfactions des acheteurs locaux qui ont perdu leur pouvoir quant au choix des fournisseurs. Elle doit déménager, apprendre à connaître ses nouveaux collègues et adopter une nouvelle façon de travailler, en fonction des nouvelles règles émises par son nouvel employeur. À l'occasion, elle se sent mal à l'aise avec les valeurs de son employeur. Bref, elle doit continuer à faire des achats, mais d'une façon totalement différente, dans un contexte différent.

Un **degré gamma B** est la transformation du travail. Étant donné l'ajout de plusieurs éléments, le sens du travail et la façon de le faire sont modifiés. On demande à Claire de devenir représentante commerciale, sur la route. Puisqu'elle connaît fort bien tous les produits qu'elle achète, les produits de l'entreprise et ceux de la compétition, elle semble la candidate idéale pour ce poste. Pourtant, cela signifie pour Claire de changer de métier, d'agir « de l'autre côté », d'être sur la route, de rencontrer des clients qu'elle ne connaît pas, d'avoir un nouveau patron et de nouveaux collègues. Intense, un changement de niveau gamma B implique pour la personne une grande adaptation au changement. Claire passe ici d'un poste d'acheteuse à un poste de représentante, qui ne contient que de nouveaux éléments dans son travail.

Pour Claire, chacun de ces quatre degrés de changement a des impacts. Ses savoirs, sa motivation, ses outils de travail, l'organisation de son travail et également les systèmes organisationnels lui servant de soutien sont touchés. Un patron avisé saura bien mesurer l'ampleur du changement et intervenir auprès de son employé, de façon aidante et ciblée.

Conclusion

Le destinataire est un acteur principal du changement, mais il est également un acteur responsable de son appropriation. Le destinataire dont je parle dans cet ouvrage a plusieurs rôles à jouer :

- Il joue le rôle de **détection** lorsqu'il se perçoit en tant que destinataire ;

- Il est **diagnosticien** du changement et **décideur** quant à son avenir et à ses choix ;

- Il joue un rôle d'**intervenant** lorsqu'il met en pratique le changement ;

- Il a de l'**influence** lorsqu'il fait connaître ses besoins.

Il a aussi sept défis à relever, reliés aux problématiques que rencontrent encore trop fréquemment bon nombre de destinataires dans nos organisations. Pour évaluer de façon réaliste tous les impacts que suscite l'implantation d'un changement, il peut finalement utiliser deux outils diagnostiques relatifs aux impacts du changement. Ces outils peuvent également servir au manager.

Le prochain chapitre aborde le vécu du destinataire et présente deux perspectives : la résistance au changement et les modèles dynamiques.

NOTE

[1] Consulter les travaux de Porras et Silvers (1991) et ceux de Golembiewski, Billingsley et Yeaker (1976) ; Tennis, Golembiewski, Bedeian et Armenakis (1989). Robert T. Golembiewski a continué à publier sur ce sujet.

3 > *Le vécu du destinataire*

Il importe de comprendre les multiples rôles et les défis de tout destinataire mais aussi son vécu durant le changement. Le gestionnaire qui souhaite gérer le volet humain du changement doit diagnostiquer les réactions du destinataire s'il veut intervenir adéquatement auprès de lui. Pour comprendre les multiples réactions du destinataire, deux perspectives traditionnelles sont offertes : la perspective fort connue de la résistance au changement et la perspective des modèles individuels et dynamiques du changement.

La résistance au changement

La résistance au changement est un incontournable dans l'étude des réactions humaines à l'égard du changement. Depuis Coch et French qui, en 1947, publiaient un article dans la revue *Human Relations*, devenu un classique en la matière, on a beaucoup trop parlé, à mon avis, de la seule perspective de la résistance au changement. Les managers se sont contentés du concept de la résistance pour seule grille d'analyse. Combien de fois ai-je entendu un manager dire : « Mes employés résistent au changement ! »

Voici un exemple. Il y a deux semaines, Éric, président d'une entreprise de services, annonce un plan de restructuration. Il demande à tous ses cadres de lui présenter un budget et un plan d'action visant à réduire les effectifs de 10 % et les dépenses de 20 %. Son objectif ultime : augmenter les profits de 25 %.

Avec quelques jours de retard, Lyne, l'une des cadres travaillant pour Éric, lui soumet finalement son plan. Étonnamment, elle propose le *statu quo* pour son service.

Éric estime que Lyne **résiste au changement**. A-t-il raison ?

Je suis exaspérée par l'attitude de certains managers qui, tout comme Éric, ne prennent pas le temps d'écouter leur employé (ou groupe d'employés) avant de sauter à la conclusion hâtive qu'il « résiste au changement ». Tout gestionnaire efficace devrait plutôt **chercher les véritables causes** de ce genre de comportement.

Écouter le destinataire pour connaître les causes de la résistance

Éric devrait s'interroger sur les raisons pour lesquelles Lyne a voulu le *statu quo*. J'ai souvent l'impression, à écouter des managers comme Éric, qu'ils croient que l'employé résiste… parce qu'il ne « veut tout simplement pas changer ». En fait, Éric croit que Lyne a trop d'ancienneté dans l'entreprise, qu'elle est trop attachée à chacun de ses employés pour être en mesure d'abolir des postes, ou encore que ses habitudes et façons de faire sont trop bien ancrées pour qu'elle puisse changer son mode de gestion. Ces croyances qu'Éric évoque au sujet de la résistance de Lyne peuvent être trompeuses.

Si on interrogeait Lyne, on apprendrait peut-être qu'elle trouve les demandes d'Éric démesurées (parce qu'elle n'a pas été consultée), que cette restructuration n'a pas de bon sens puisque l'entreprise fait des profits et que son service a toujours été très efficace...

Qui a raison ?

Dans cet exemple, Éric fait ce qui est appelé en psychologie l'erreur fondamentale d'attribution. Il accorde plus d'importance à des causes internes liées à la personne – Lyne – qu'à des causes externes liées au changement lui-même, à sa légitimité ou à la piètre qualité de sa mise en œuvre.

Seule une analyse approfondie des causes de la résistance peut dévoiler les véritables motivations de Lyne. Mais pour ce faire, il faudrait qu'Éric accepte de l'écouter et essaie de comprendre son point de vue...

LEÇON Nº 1 Au lieu de juger hâtivement qu'il y a résistance de la part du destinataire, le manager a tout intérêt à comprendre le contexte dans lequel se situe le destinataire et les causes de sa conduite. Il y parviendra en l'écoutant vraiment.

Les réactions souvent négatives à l'égard du changement s'expliquent par le fait que le destinataire doit quitter sa zone de confort et s'aventurer vers de nouvelles avenues, empreintes d'incertitude. Il doit s'adapter à un nouveau contexte, à de nouvelles tâches et responsabilités, adopter de nouveaux comportements, de nouvelles attitudes et, surtout, abandonner les habitudes qui ponctuaient son quotidien.

Il faut prendre en considération toutes les causes de la résistance au changement dans un diagnostic de comportement de résistance. Au moins huit catégories de causes possibles de la résistance peuvent être analysées.

1. **Causes individuelles.** Le destinataire a l'impression de perdre des choses avec l'arrivée du changement.

2. **Causes collectives.** Le changement bouscule les normes sociales du groupe.

3. **Causes culturelles.** La culture du groupe de destinataires est peu propice aux changements.

4. **Causes politiques.** Les enjeux de pouvoir sont présents.

5. **Causes liées à la qualité de la mise en œuvre.** Le changement est mal implanté.

6. **Causes liées au changement lui-même.** Le changement n'a pas de sens aux yeux du destinataire.

7. **Causes liées au nombre de changements et à leur fréquence.** Il s'agit du énième changement en un an.

8. **Causes organisationnelles.** Les facteurs de succès sont absents.

S'il y avait un seul mot à retenir parmi les **causes individuelles**, je retiendrais le mot « pertes[1] ». Le destinataire a l'impression de perdre quelque chose ou il a peur de perdre quelque chose d'important[2]. Ce peut être la perte de sa sécurité d'emploi, la perte de son influence, la perte de ses compétences, la perte de ses relations sociales ou la perte de son « territoire ». Présenté au chapitre 2, l'inventaire de ce que le changement remet en cause peut s'avérer utile pour analyser les causes individuelles, entre autres. Le destinataire a peur de l'inconnu. La majorité des destinataires résistent à cause des pertes estimées et aussi de certains traits qui les caractérisent, comme la préférence pour la stabilité et l'intolérance de l'ambiguïté. Les pertes supplantent toutes les autres causes individuelles, comme l'âge, le sexe ou les mécanismes de défense[3].

Le destinataire peut aussi résister parce que le changement bouleverse les normes sociales (tabous, rites) de son groupe d'appartenance[4] et les droits acquis, qui sont des **causes collectives.** Imaginons, par exemple, un groupe de destinataires qui a le sentiment de perdre ses privilèges : durée de la pause, souplesse de l'horaire, espaces de stationnement, espace de travail.

Le destinataire peut résister à cause de ses **valeurs culturelles.** Certaines cultures sont plus ou moins réceptives au changement. Certains groupes détiennent des valeurs qui sont opposées au type de changement préconisé.

Un destinataire peut résister au changement parce qu'il perd de l'influence ou subit différents jeux de pouvoir ; ce sont là des **causes politiques.** Les forces syndicales qui militent contre l'idée d'un changement ne sont pas sans provoquer de la résistance au changement chez leurs membres. Dans le même sens, un cadre sur le point de perdre son équipe à la suite d'une décentralisation de son service peut résister parce que son pouvoir et son autorité diminueront.

On dit souvent que les gens ne résistent pas au changement mais davantage à la *façon* dont il est implanté. Les **causes liées à une mise en œuvre du changement déficiente** entraînent très souvent l'échec du changement. Les conditions à créer au sein de l'organisation pour réussir la démarche de transformation (on pense ici aux conditions liées à l'orientation, à la sensibilisation, à l'habilitation, et autres, expliquées au chapitre 1), lorsqu'elles sont absentes, peuvent mener le destinataire à résister au changement. S'il n'est pas bien préparé, s'il n'accepte pas le changement, il résistera. Malheureusement, les organisations ne suivent pas toujours toutes ces prescriptions. Si, par exemple, les employés ne sont pas formés adéquatement ni au bon moment, ils risquent bien de se conforter dans leurs anciennes habitudes, ce qui sera perçu comme de la résistance au changement. Les employés peuvent aussi résister pour élever leur voix contre l'absence de consultation et d'implication. Les destinataires résisteront parce que le changement leur est imposé et qu'on ne leur laisse pas le temps ni les moyens de s'adapter[5].

Le destinataire résiste parce qu'à ses yeux le changement n'a pas sa place, n'a pas de sens ou n'est pas cohérent avec les valeurs jusque-là prônées par l'organisation ; ce sont des **causes liées au changement lui-même**. Il résiste parce que le changement n'est pas légitimé ou n'a pas été bien expliqué. Il peut aussi résister à cause du type de changement, qui est trop radical ou trop complexe, ce qui crée une barrière insurmontable pour lui.

De nos jours, les **causes liées au nombre de changements et à leur fréquence** peuvent aussi expliquer la résistance. Après le énième changement, le destinataire ne résiste plus à *un* changement mais plutôt à la *multitude* de changements en peu de temps. J'abonde dans le sens d'Abrahamson (2004) qui dénonce ces changements multiples qui ne font que causer résistance, anxiété et cynisme.

Quelquefois, le destinataire détecte l'inertie organisationnelle, une des **causes organisationnelles**. Il croit que les facteurs de succès sont absents. Pourquoi changerait-il ses comportements alors qu'il perçoit que son organisation est incapable de changer et que, finalement, le changement n'aura pas lieu? Il résiste parce qu'il ne sent pas un leadership de la part des cadres et de la haute direction. Il perçoit que son environnement est stable. Pourquoi changer si tout va bien?

On le constate, la résistance au changement n'est pas entièrement la faute du destinataire, ni nécessairement celle du manager, ni tout à fait celle du dirigeant ou de l'équipe de projet. Les causes sont multiples dans plusieurs cas.

Le manager doit aller au-delà de ce simple diagnostic qui ne mène nulle part : «Mon employé résiste au changement!» Il doit écouter le destinataire et essayer de comprendre sa position à l'aide des multiples causes de la résistance au changement. En fait, ces causes devraient mener le manager à des pistes de gestion variées : choix éclairé du type et du rythme du changement, meilleures communications et prise en charge de l'exécution du changement.

Définir la résistance au changement

Qu'est-ce que la résistance au changement? Je pose cette question, car je suis fort ennuyée par tout ce qui est considéré comme des manifestations de résistance. Dans la pratique, dès qu'un destinataire semble dire ou faire quelque chose qui ne va pas dans le sens de ce qui est attendu, on lui accole l'étiquette de «résistant au changement». Qualifier de résistance au changement les comportements qui ne sont pas en ligne avec ce que veut le manager est pratiquement devenu un réflexe. Dans la documentation, ce n'est guère plus reluisant : on dit parfois que la résistance est une attitude *inconsciente* et que l'absence de résistance est plus problématique que la résistance elle-même! Ce genre de propos m'exacerbe parce qu'on ne peut plus distinguer ce qui est de la résistance de ce qui n'en est pas.

Quelle est la définition du mot « résistance » ? Lorsqu'elle est appliquée aux personnes, la résistance signifie la qualité physique par laquelle on supporte aisément la fatigue ou les privations et qui permet de soutenir un effort intense ou prolongé. Par exemple, une personne peut être résistante à la fatigue ; on dit alors qu'elle a de l'endurance, qu'elle est infatigable. Lors d'un changement organisationnel, le terme résistance est utilisé négativement, dans le sens de **frein** ou d'**obstacle** à l'endroit de l'intention de changement.

Selon moi, il faut éviter de définir la résistance par ses causes (plus ou moins conscientes) ou par des manifestations non observables. **La résistance au changement est un résultat lié à un ensemble de manifestations observables, actives ou passives, individuelles ou collectives, qui entravent le processus du changement.**

Dans notre exemple, Lyne a soumis son plan en retard et il ne contient pas de réduction, ni d'effectifs ni de dépenses ; ce sont deux manifestations observables pouvant être interprétées comme de la résistance au changement et dont les causes restent à diagnostiquer.

Ces manifestations de résistance peuvent être individuelles ou collectives, explicites ou implicites. La résistance peut se manifester par un seul individu à la fois ; elle est alors qualifiée d'individuelle. Elle peut aussi se manifester par un groupe ; elle est alors qualifiée de collective. La résistance active signifie l'action de s'opposer explicitement par une action contraire. La résistance passive se reconnaît plutôt par des gestes d'opposition plus subtils et moins directs. Le tableau 4 fait état d'exemples de manifestations de résistance lors d'une situation de changement.

TABLEAU 4

LES MANIFESTATIONS DE RÉSISTANCE AU CHANGEMENT

Résistance au changement	Individuelle	Collective
Active	• Refus d'exécuter une tâche	• Grève
	• Demande qui suscite le doute	• Sabotage
	• Refus de suivre de la formation	• Plainte
	• Récriminations et contestations	• Grief (activité syndicale intense)
	• Critique immédiate	• Conflit
	• Procrastination	• Déformation des faits
	• Insubordination	• Revendication
	• Départ volontaire	
Passive	• Retour aux anciennes méthodes ; *statu quo*	• Ralentissement du travail
	• Indifférence	• Blocage de l'information, d'une décision
	• Lenteur	• Rumeurs
	• Oubli de nouvelles responsabilités	• Taux de roulement élevé
	• Pratiques parallèles	• Obéissance aveugle
	• Absentéisme	
	• Soutien déficient	
	• Ressources non accordées	

Lyne manifeste un comportement de résistance individuelle, passive. En effet, elle remet son plan mais en retard (lenteur), sans répondre aux exigences de réduction ; elle préfère le *statu quo*.

LEÇON N° 2   Bien que certaines manifestations puissent être observables, il faut prendre garde de qualifier de « résistance » chaque réaction du destinataire !

J'éprouve certains problèmes avec le concept de résistance au changement. En fait, il s'agit d'un construit négatif, difficile à mesurer directement parce qu'aucun destinataire ne se dit « résistant ». J'ai rarement entendu quelqu'un me dire : « Je résiste au changement. » En ce sens, la résistance est un concept culpabilisant et destructeur. Fort judicieusement, Hafsi[6] note que « personne n'oserait dire : "j'aimerais résister au changement", parce qu'on le pourchasserait, comme l'ennemi de la société, comme celui qui l'empêche de s'adapter, une sorte de handicapé qu'il faut extirper, annihiler ! ». C'est dire à quel point ce construit est méprisant pour l'individu. Il devient donc difficile pour le manager d'aborder directement la résistance auprès du destinataire. De plus, la résistance est toujours attribuée par quelqu'un d'autre, un observateur de la situation ; le destinataire serait résistant dans la perception de celui qui le regarde et qui le juge.

Par ailleurs, il n'y a pas que des comportements de résistance et d'opposition par rapport au changement. Il existe aussi toute une gamme de réactions positives, incluant la joie. J'ai connu plusieurs destinataires heureux de l'arrivée d'un changement. À leurs yeux, « il était temps », car leur organisation se faisait doubler par ses compétiteurs. Soulagés par l'arrivée du changement, ces destinataires y adhéraient activement.

En ce qui concerne Éric, je lui recommanderais de ne pas juger trop vite la conduite de Lyne. Je lui conseillerais de la rencontrer individuellement (de même que tous ses cadres) pour écouter son point de vue et essayer de la comprendre. Ensuite, il devra, si nécessaire, répéter ses arguments, négocier des compromis ou rester ouvert à d'autres façons de faire.

Je conseillerais à Lyne d'être responsable de son appropriation au lieu d'utiliser des moyens détournés pour faire connaître sa position. Je l'inviterais à rencontrer Éric au plus tôt, à jouer ses rôles d'intervenant et d'influence et, aussi, son rôle de décideur. Veut-elle et peut-elle changer ses comportements ?

Un modèle dynamique et intégrateur

Outre la résistance, il existe certains modèles individuels et dynamiques du changement qui font état du vécu du destinataire. Ces modèles présentent différents stades par lesquels passe tout destinataire. Ils fournissent au gestionnaire certains points de repère pour apprécier le vécu du destinataire, à différents moments durant l'implantation du changement. Ces modèles veulent que la transition[7], c'est-à-dire le passage psychologique subjectif du destinataire touché par le changement tout au long de sa mise en œuvre, prenne un certain temps et implique différentes étapes.

À partir de différents modèles dynamiques du changement et en tenant compte des aspects affectifs, cognitifs et comportementaux, j'ai constitué un modèle intégrateur[8]. J'ai retenu quatre grandes étapes réactionnelles : le choc, la résistance, l'ouverture et l'engagement. Le tableau 5 présente chaque étape en fonction de termes connexes proposés par différents auteurs et en fonction des émotions, des cognitions et des buts recherchés par le destinataire à chaque étape.

TABLEAU 5

LES 4 GRANDES ÉTAPES RÉACTIONNELLES

CRITÈRES	CHOC	RÉSISTANCE	OUVERTURE	ENGAGEMENT
TERMES CONNEXES	Déstabilisation Dégel Décristallisation Fin Deuil	Résistance Pertes Peurs	Exploration Redéfinition de soi Rejet du passé	Cristallisation Regel Revitalisation Résolution Renouveau Commencement Prise de conscience Adoption Implication
ÉMOTIONS	Torpeur Insensibilité Peur Paralysie	Anxiété Appréhensions Souffrance Tristesse Colère Chaos Culpabilité	Confusion Résignation Soulagement	Bonheur Fierté Espoir
COGNITIONS	Fin du *statu quo*, de l'équilibre et du passé Refus	Pertes subies ou anticipées, peurs	Envie d'essayer de nouveaux comportements	Acceptation de la réalité nouvelle Acquisition de nouvelles croyances, attitudes ou de comportements durables
BUTS	Absorber le changement Préparer une réponse	Défendre ses acquis	Explorer et accepter le changement	Stabiliser les comportements Adopter de nouvelles habitudes de travail

La fin du *statu quo*, de l'équilibre et du passé tout comme le refus du changement caractérisent le **choc**. Le destinataire veut s'en tenir au passé et continue à travailler comme d'habitude. Cette première étape met l'accent sur la période de déstabilisation que vit l'individu et sur la difficulté qu'il éprouve à se défaire de ses habitudes. Souvent qualifiées de déni et de période de deuil, les caractéristiques émotionnelles lors de cette étape prennent l'allure de torpeur, d'insensibilité, de peur du changement et de paralysie. Le destinataire doit absorber l'annonce du changement et préparer une réponse.

La **résistance** est caractérisée par un déséquilibre, qui sous-tend la perte de ce à quoi on est habitué (relations, sécurité, contrôle). L'individu recherche ce qu'il a perdu. Il vit de l'anxiété, de la tristesse, de la colère, de la culpabilité ; il a des appréhensions et craint le chaos. Il veut défendre ses acquis.

Arrive ensuite l'étape de **l'ouverture**. Elle se caractérise par l'exploration, le rejet des anciennes façons de faire et une redéfinition de soi. Les émotions vécues demeurent la confusion, mais également la résignation et le soulagement. De nouvelles attitudes et de nouveaux comportements sont essayés de façon hésitante. Il s'agit d'une période cruciale du changement qui est souvent accompagnée de retours en arrière, vers la phase de résistance, lorsque le changement est difficile à implanter.

Enfin, la dernière étape est celle de **l'engagement**. L'acceptation de la réalité nouvelle et l'acquisition de nouvelles croyances, attitudes ou de comportements durables la caractérisent. Cette étape vise à reconstruire l'univers des représentations. Les émotions qui surgissent sont le bonheur, la fierté et l'espoir. Pour le destinataire, l'engagement stabilise ses comportements et ses nouvelles habitudes de travail.

Cette relecture théorique permet d'identifier certaines zones de passage que traverse le destinataire à l'occasion d'un changement majeur. En fait, tout manager devrait retenir que le destinataire vit au moins quatre grandes étapes lors du changement. La durée de ces étapes variera en fonction de l'ampleur du changement, des conditions facilitantes et du temps dont dispose le destinataire pour s'approprier le changement. Le manager devrait aussi considérer la résistance au changement comme l'une des quatre étapes du changement, et non la seule étape.

Conclusion

Afin d'intervenir de façon pertinente, le manager doit écouter le destinataire pour chercher la ou les causes qui justifient ses différents comportements de résistance. Il doit aussi être en mesure, grâce au modèle dynamique, de situer le destinataire dans une étape du processus de changement.

Toutefois, force est de constater que, malgré ces deux perspectives traditionnelles, la gestion a besoin d'un modèle fiable qui permette de mieux comprendre les réactions humaines et, surtout, d'intervenir judicieusement, directement et de façon ciblée auprès du destinataire. C'est ce que réserve le prochain chapitre qui présente le modèle des phases de préoccupations.

NOTES

[1] Comme le suggèrent Dent et Goldberg (1999ab).

[2] Comme le soulignent également Kotter et Schlesinger (1979).

[3] Plusieurs auteurs, dont Kets de Vries et Miller (1984) de même que Collerette, Delisle et Perron (1997), retiennent les mécanismes de défense comme principale cause de la résistance. Ces mécanismes sont le refoulement, la régression, la projection, l'identification, la formation réactionnelle et le déni de la réalité.

[4] Collerette, Delisle et Perron (1997, p. 100-101) parlent de résistances liées au système social et incluent, entre autres, la conformité aux normes sociales et le caractère sacré de certaines choses en matière de tabous, rituels, mœurs et éthique.

[5] Comme le soulignent Collerette, Delisle et Perron (1997).

[6] Dans Hafsi, Séguin et Toulouse (2003, p. 649).

[7] Bridges (1991, p. 76) appelle « transition » le processus intérieur qu'on traverse émotionnellement pour digérer le changement. Alors que tout le monde parle du changement, ce sont les *transitions* qui font réussir ou échouer les transformations. La transition, c'est un passage. Ce passage psychologique subjectif est vécu par une personne qui est touchée par le changement tout au long de sa mise en œuvre. Il débute dès l'annonce du changement et se termine quand la personne se sent à l'aise dans la nouvelle situation. À l'inverse du changement, la transition est individuelle, subjective et non factuelle, et dure souvent beaucoup plus longtemps que le changement. Roberge (1999) insiste sur le mot transition pour signifier ce processus vivant, non mécanique et automatique. Elle indique également que la transition est la face cachée du changement, le processus interne non visible, souvent mythifié. En fait, chacun vit la transition à sa façon. Elle est donc un processus tout à fait normal et naturel qui s'exprime à travers une gamme d'émotions, d'états d'âme, de sentiments, d'opinions et de croyances. Un destinataire « à l'écoute de sa transition » est un destinataire utile.

[8] Un essai semblable avait été publié dans Bareil et Savoie (2002b). Le modèle actuel s'inspire des modèles affectifs de Kübler-Ross (1975) sur le processus du deuil et de Perlman et Takacs (1990), des modèles cognitifs de Scott et Jaffe (1992), des modèles de processus de Lewin (1952 ; 1967), de Schein (1980) et de Bridges (1980).

4 〉 *Les phases de préoccupations*

Ce chapitre, dans lequel je décris la théorie des phases de préoccupations, constitue le cœur de ce livre. Je désire faire mieux connaître cette théorie, très utile au gestionnaire en situation de changement. Soutenue par un bon nombre d'études, elle peut être utilisée directement auprès du destinataire. Elle mène à des actions ciblées et elle est respectueuse des individus.

Vers un nouvel éclairage : les phases de préoccupations

Pendant de nombreuses années, j'ai cherché, fouillé et analysé la documentation concernant le volet humain du changement organisationnel. La théorie des phases de préoccupations constitue une révolution importante en matière de gestion du changement. Elle permet d'aborder directement le vécu du destinataire qui traverse une période de changement organisationnel majeur.

Le choix de la théorie évolutive des phases de préoccupations

La théorie dynamique des phases de préoccupations comble en grande partie les lacunes déjà exprimées sur la résistance au changement. Elle fournit un diagnostic fiable et mène à des interventions de gestion. En fait, la théorie des phases de préoccupations comporte au moins 10 avantages, comme en témoigne le tableau suivant.

1.	Elle permet d'établir un diagnostic des réactions et des perceptions conscientes du destinataire à l'égard d'un changement.
2.	Elle permet de mesurer directement les réactions ou les préoccupations du destinataire (sans intermédiaire, comme c'est le cas pour la résistance) en tenant compte d'éléments sur lesquels la gestion peut intervenir.
3.	Elle profite d'une légitimité étant donné que les préoccupations peuvent facilement être recueillies par un manager n'ayant pas de formation en comportement organisationnel ou en psychologie.
4.	Elle permet l'utilisation de différentes méthodologies de collecte des préoccupations, tant qualitatives que quantitatives.
5.	Elle mène à des interventions de gestion directes, ciblées et sur mesure.
6.	Elle permet de distinguer les préoccupations de différentes catégories de personnel ou de groupes.
7.	Elle permet de traiter des préoccupations individuelles et groupales.
8.	Elle utilise un construit non menaçant, largement accepté socialement et politiquement au sein des organisations.
9.	Elle possède un fondement théorique que plusieurs études sur le terrain ont permis de vérifier.
10.	Elle est valide[1].

Tous ces avantages ont fait en sorte que j'ai préféré cette théorie à tant d'autres, bonnes et justifiées à leur façon mais répondant moins bien à des critères de gestion et à des critères scientifiques.

La richesse du mot « préoccupation »

Qu'est-ce qu'une préoccupation et pourquoi y accorder tant d'importance ? Le concept de « préoccupation » mérite qu'on s'y attarde parce qu'il est porteur d'un message et de valeurs à privilégier en période de changement. Le vécu du destinataire est abordé non pas en fonction de ses résistances mais plutôt en fonction de ses préoccupations.

Une préoccupation est une **inquiétude**, ce qui constitue la composante affective du construit. Cette composante affective est renforcée par un contenu, qui est sa composante cognitive. Par exemple, un destinataire est préoccupé par la possibilité de perdre son emploi. Il est donc inquiet (sentiment = composante affective) par rapport à un objet qui est la perte de son emploi (contenu = composante cognitive). La préoccupation, un concept riche, inclut :

• une composante affective = sentiment d'inquiétude : peur, possibilité ;

• une composante cognitive = pensée ou cognition = contenu de l'inquiétude : *perte de son emploi.*

Les synonymes du mot « préoccupation » sont : inquiétude, souci, angoisse, tourment et tracas ; ses antonymes sont l'indifférence et l'insouciance.

Une préoccupation est atemporelle et réfère à quelque chose du passé, du présent ou aux conséquences anticipées d'une action éventuelle. Une préoccupation n'est pas fonction de la personnalité de l'individu mais plutôt des impacts du changement sur lui. La préoccupation est **antérieure** au comportement (de soumission, de « résistance » ou d'acceptation). Si on peut agir directement sur la préoccupation, on peut alors s'éviter des comportements de résistance ou de rébellion.

Une préoccupation constitue en fait une **zone d'inconfort** pour le destinataire. Elle le perturbe dans son travail quotidien et il tente de l'apaiser. Le manager doit aider le destinataire à trouver des réponses à ses préoccupations.

Dans la pratique, lorsqu'on pose la question « Qu'est-ce qui vous préoccupe le plus en ce moment au sujet du changement ? », on obtient toutes sortes de réponses de la part des destinataires. En voici quelques exemples :

• Je suis préoccupé par les impacts du changement sur mon travail.

• Je suis préoccupé par la perte de mon statut professionnel.

• Je suis préoccupé par notre capacité à réussir le changement tel qu'il a été annoncé.

• Je suis préoccupé par la formation que je recevrai, par le climat de travail et la collaboration que le changement induira.

Quelquefois, la réponse sera : « Rien ne me préoccupe en ce moment ; je continue ma routine, on verra bien… » Nos études et travaux[2] prouvent que les personnes interrogées semblent sincères dans leurs réponses. La validité apparente, c'est-à-dire ce que le concept représente aux yeux des profanes, du mot « préoccupation », semble bonne. Les réponses sont en lien avec la définition retenue et les réactions des destinataires paraissent légitimes. Nous tenterons d'analyser ce genre de réponses à l'aide de la théorie des phases de préoccupations.

Les origines de la théorie des phases de préoccupations

L'intérêt d'une bonne théorie est de représenter la réalité afin de mieux la comprendre et l'expliquer. La théorie des phases de préoccupations permet de représenter les réactions cognitivo-affectives du destinataire en fonction de ses préoccupations au sujet d'un changement organisationnel, et de les classer par catégories, appelées « phases ».

Une phase fait référence à un regroupement et un ordonnancement. Dans sa définition courante, une phase est chacun des états successifs d'une chose en évolution. On peut parler des phases d'une maladie, d'une opération ou d'un match. Ses synonymes sont : épisode, étape, période ou stade.

Le modèle des phases de préoccupations tire ses origines américaines du secteur de l'éducation. Deux auteurs, Frances Fuller (1969)[3] et Gene E. Hall avec son équipe (1977), ont cherché à expliquer les réactions bien particulières des enseignants du primaire et du secondaire à l'aide du modèle appelé « *Stages of Concern* ». Leurs travaux ont été reproduits, sans être associés à la gestion.

Les travaux de Hall (1979) et son équipe ont permis une avancée notable dans la compréhension des préoccupations en situation de changement dans les écoles américaines. Ces chercheurs ont brièvement défini le concept de préoccupation[4], l'ont opérationnalisé à l'aide d'un instrument de mesure[5], et plusieurs études ont confirmé l'existence des sept phases[6], bien que le modèle suscite certaines réserves.

Inspirée par les propos de Ken Blanchard (1992), l'un des seuls auteurs en gestion à avoir mentionné l'utilité du modèle des stades de préoccupations de Hall et de ses collaborateurs, j'ai cherché à valider ce modèle en contexte de changement organisationnel. J'ai transposé le modèle à des employés des secteurs privé et public, selon des types de changements distincts, comme des changements technologiques et des changements structurels. Je l'ai traduit, adapté et modifié pour le rendre plus universel et pour qu'il corresponde aux nouvelles réalités du monde des affaires. Un de mes défis était alors de tester et de valider le modèle théorique avec différents types de changements et auprès de destinataires diversifiés, afin de mieux comprendre la dynamique des préoccupations dans le contexte du second millénaire.

L'environnement a bien changé depuis les années 80 : les pratiques de gestion ont évolué, les changements se sont radicalisés et même bousculés. Les incidences sur les préoccupations des destinataires sont importantes.

Le modèle tel qu'il se présente aujourd'hui est le fruit d'une dizaine d'années de recherches[7], au cours desquelles de nombreux articles, chapitres de livres et communications scientifiques[8] ont été publiés ou prononcées tant en Europe qu'en Amérique et en Asie. Le modèle des sept stades de préoccupations (*Stages of Concern*) a donc été remanié[9] pour mieux correspondre à la nouvelle réalité des affaires mais aussi pour mieux refléter les préoccupations issues de la multitude de changements dans de nombreux contextes organisationnels.

Les phases de préoccupations décortiquées

Un destinataire traverse généralement de cinq à sept phases de préoccupations durant la mise en œuvre d'un changement organisationnel, les deux dernières phases étant vécues par un nombre limité de destinataires.

La première phase commence à l'annonce du changement ; les autres apparaissent durant sa mise en œuvre. Finalement, lorsque de nouvelles routines sont établies, le destinataire n'éprouve plus de préoccupations. C'est la fin du modèle dynamique. Cela peut survenir quand les préoccupations des phases 5, 6 ou 7 disparaissent (puisque les préoccupations des phases 6 et 7 ne s'appliquent pas à tous les destinataires).

Les sept phases de préoccupations possibles de tout destinataire à l'égard du changement sont les suivantes :

1. Aucune préoccupation à l'égard du changement

2. Préoccupations centrées sur le destinataire

3. Préoccupations centrées sur l'organisation

4. Préoccupations centrées sur le changement

5. Préoccupations centrées sur l'expérimentation

6. Préoccupations centrées sur la collaboration

7. Préoccupations centrées sur l'amélioration du changement

Les sept phases de préoccupations se présentent sous la forme d'un escalier (voir figure 1).

FIGURE 1

LES 7 PHASES DE PRÉOCCUPATIONS DU DESTINATAIRE

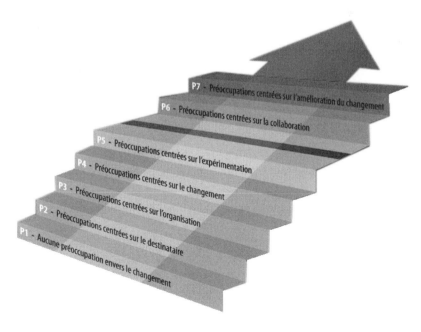

Ainsi, tout destinataire doit faire les efforts nécessaires pour monter les marches de l'escalier jusqu'en haut, pour s'approprier le changement. Ce passage, de bas en haut, fait en sorte que le destinataire passe d'un point A (antérieur au changement) à un point B (le changement). Chaque marche représente une phase qui contient un ensemble de préoccupations.

Lorsqu'il joue son rôle d'intervenant, le destinataire monte sur la première marche et ne vit pas encore de préoccupation par rapport au changement. Puis, lorsque déstabilisé il monte sur la deuxième marche, il vit alors un certain nombre d'éléments préoccupants appartenant à la deuxième phase qui se manifeste de façon plus intense. Puis, à un autre moment, cette phase cède sa place à des préoccupations de phase 3, qui deviennent plus intenses, à leur tour dans l'esprit du destinataire, et ainsi de suite. Ainsi, les phases se succéderont à travers le temps, et varieront d'intensité jusqu'à ce que le destinataire ne connaisse plus de préoccupation à l'égard du changement.

Le tableau 6 présente la définition de chacune des sept phases de préoccupations.

TABLEAU 6

LA DÉFINITION DES 7 PHASES DE PRÉOCCUPATIONS

Phase	Définition des phases de préoccupations
1. Aucune préoccupation	Le destinataire ne se sent pas concerné par le changement, il poursuit ses activités et fait «comme si de rien n'était». Il demeure indifférent au changement organisationnel. Il **n'a aucune préoccupation** par rapport au changement.
2. Préoccupations centrées sur le destinataire	Le destinataire est inquiet des incidences du changement sur lui-même, sur son poste et sur ses collègues. Il s'interroge sur **les impacts du changement sur son travail.** Il s'interroge aussi sur les conséquences du changement sur son rôle, ses responsabilités, son statut, son degré d'autonomie, son pouvoir décisionnel, etc. Les préoccupations sont centrées sur le destinataire et sur les impacts individuels du changement.
3. Préoccupations centrées sur l'organisation	Le destinataire est inquiet **des impacts et des conséquences du changement sur l'organisation.** Il veut que son investissement en temps et en énergie en vaille la peine. Il se demande entre autres jusqu'à quel point l'organisation est sérieuse dans le maintien du changement à plus long terme et si le changement est rentable pour l'organisation. La **légitimité du changement et la capacité de l'organisation** à rendre le changement à terme le préoccupent. Il se préoccupe de l'**engagement** de la direction.
4. Préoccupations centrées sur le changement	Le destinataire se préoccupe des caractéristiques du changement. Il s'interroge sur la nature exacte du changement. Il cherche des réponses à sa méconnaissance du changement. Attentif, il veut obtenir davantage de **précisions sur la mise en œuvre et sur les processus du changement.** Il peut remettre en question le scénario de mise en œuvre de même que son implication dans le changement.

5. Préoccupations centrées sur l'expérimentation	Le destinataire se montre disposé à se conformer au changement et à en faire l'essai. Cependant, il éprouve un sentiment d'incompétence par rapport à ses nouvelles fonctions, habiletés et attitudes. Il doute de sa **capacité individuelle** à réussir tout ce que le changement exige de lui. Dans certains cas, il peut douter de la **capacité collective** (de ses collègues). C'est pourquoi il **s'interroge sur le temps, les conditions et le soutien** qui lui sont offerts et qui faciliteront son appropriation du changement. Il veut que tout soit propice à sa réussite.
6. Préoccupations centrées sur la collaboration	Le destinataire est préoccupé par le **transfert** des apprentissages dans les autres services. Il se montre intéressé à **collaborer** et à **coopérer** avec ses collègues. Au sein de l'organisation, il veut favoriser le partage de son expérience et des diverses façons de faire.
7. Préoccupations centrées sur l'amélioration du changement	Le destinataire se préoccupe de **l'amélioration** de ce qui est en place, soit en modifiant de façon significative son travail ou ses responsabilités, soit en proposant de nouvelles applications ou soit en **innovant.** Il est inquiet par rapport à la pérennité et à l'amélioration continue du changement.

Phase 1 : aucune préoccupation

À la suite de l'annonce du changement apparaît la phase d'absence de préoccupation, durant laquelle le destinataire demeure indifférent. Il ne se sent pas concerné par le changement. Cette phase, observée à maintes reprises, est trompeuse, car tout semble bien aller. Or, le changement a en fait peu d'emprise sur le destinataire. Le manager ne s'inquiète pas de voir le destinataire maintenir ses habitudes, alors qu'il s'agit d'un mécanisme de défense. Donner de la formation à cette phase serait une perte de temps, car le destinataire ne manifeste pas d'ouverture. Les manifestations les plus courantes au cours de cette phase sont les suivantes :

- le destinataire continue son travail comme si de rien n'était ;

- il attend d'en savoir davantage ;

- il ne lit pas l'information qui lui est transmise par courriel, par intranet ou par tout autre moyen ;

- il ne visite pas les « chantiers » ou les stands d'information ;

- il dit que le changement ne le concerne pas, qu'il n'y a rien là ou même qu'il est déjà plus avancé que cela, ou encore qu'il en a vu bien d'autres...

En fait, le destinataire a toutes sortes d'« autres » préoccupations à part le changement. Son éventuelle promotion, son rendement, sa prochaine augmentation, son projet actuel, tout cela le préoccupe, mais il s'agit de préoccupations sans lien direct avec le changement annoncé.

Le destinataire ne veut pas changer et conserve ses habitudes et sa routine. Il peut aussi être en état de choc et refuser de faire son deuil de la situation passée. Il nie le présent et le futur, pour s'enfermer dans un passé, qui sera bientôt dépassé... Tant que le destinataire ne ressent pas suffisamment de pressions externes, il demeure dans la phase 1, plus confortable et moins menaçante.

Cette phase peut durer plusieurs mois si rien n'est entrepris à l'intention du destinataire. Elle s'explique ainsi : soit que le destinataire préfère ignorer le changement, soit qu'il n'a pas compris qu'il était visé par le changement, soit qu'il n'a pas pris la nouvelle au sérieux, soit que la communication n'a pas été bien ciblée. Bref, le destinataire ne joue pas son rôle de détection (défini au chapitre 2).

Par exemple, à l'annonce de l'achat d'une nouvelle pièce d'équipement, les employés ont maintenu leur routine. Ils ne croyaient pas vraiment à l'arrivée du nouvel appareil jusqu'au jour où on leur a défendu l'accès à leur aire de travail pour cause de travaux majeurs. Ce n'est que quand ils ont « vu » le changement qu'ils y ont cru et s'en sont préoccupés.

Il est déjà arrivé que tout un groupe de destinataires – un service complet – ait eu peu de préoccupations au sujet du changement qui lui avait été annoncé. Après tout, selon l'information que ce groupe avait reçue de son supérieur immédiat, il ne serait pas touché par le changement avant cinq ans. Les communications officielles signalaient pourtant que tous les services de la division seraient touchés par ledit changement. Pour éviter toute confusion, il est important de bien cibler les destinataires du changement avant d'étudier leurs préoccupations.

Dans un autre cas, les destinataires n'avaient pas de préoccupation, en dépit des annonces, parce qu'ils ne croyaient pas que l'organisation mettrait tous les efforts pour réussir ce changement. L'historique des changements passés dressait un bilan si négatif que les destinataires ne croyaient pas au projet. Pourquoi celui-là réussirait-il alors que les autres avaient échoué ? Les affirmations comme « on en a vu d'autres » traduisent cette amertume et ce cynisme à l'égard de plusieurs tentatives de changement.

La phase 1 fait donc référence au refus et à l'indifférence par rapport au changement. Le destinataire ne se sent pas concerné. Il est à noter que cette phase se distingue de la phase finale, où le destinataire « n'a plus de préoccupation » à l'égard du changement parce qu'il adopté une nouvelle routine.

Phase 2 : préoccupations centrées sur le destinataire

Avançant sur la gamme des préoccupations, le destinataire commence à se détacher du *statu quo* et à se préoccuper des impacts du changement sur lui-même et sur son travail. La phase 2 est essentiellement égocentrique. Le destinataire ressent de l'inconfort et de l'insécurité. Il se demande quelles seront les conséquences du changement sur son rôle, ses responsabilités, son statut, son pouvoir décisionnel et ses compétences. Il devient davantage conscient de ses pertes.

Les préoccupations de la phase 2 sont celles dont les manifestations rejoignent le plus les causes de la résistance au changement, en particulier les pertes[10]. Durant cette phase, le destinataire a souvent l'impression de perdre des éléments significatifs dans son travail. Ces pertes peuvent être de plusieurs ordres : perte de sécurité, perte du sens de direction, perte de ses compétences, perte de pouvoir, perte de droits acquis, perte de conditions de travail, perte du supérieur immédiat, perte de son environnement de travail. Dans le cas d'une restructuration, d'une réingénierie ou d'une fusion causant des mises à pied importantes, les préoccupations du destinataire porteront sur la sécurité d'emploi et la pérennité de son poste[11]. Le destinataire se demande s'il conservera son emploi ou s'il occupera un poste comparable à l'intérieur de l'organisation. «Combien d'emplois seront sacrifiés?», «Quels postes seront touchés?» sont des questions qu'il se pose.

La façon dont l'organisation traite les départs et les mutations fait aussi partie des préoccupations de la phase 2. Le destinataire s'inquiète pour les victimes (ceux qui quittent) et les survivants (ceux qui restent)[12]. Ce ne sont pas seulement les chiffres qui le préoccupent, mais surtout la qualité de la gestion, de l'accompagnement et des mesures offertes à ceux dont les postes sont abolis. Le destinataire se souvient longtemps de la façon dont l'organisation a traité ses ex-employés. Était-ce dans la dignité et le respect?

Dans les entreprises en forte croissance, les préoccupations quant à la perte d'emploi sont rarement présentes. Toutefois, on y retrouve d'autres préoccupations de la phase 2, comme des inquiétudes relatives aux nouveaux rôles, responsabilités et tâches à accomplir. En certaines circonstances, le destinataire doit aussi revoir son statut professionnel ainsi que son appartenance à un groupe. Pensons à un professionnel des ressources humaines dont le poste se trouve désormais dans une unité d'affaires. Son questionnement porte davantage sur son appartenance et son allégeance : « Où sont mes repères ? Est-ce que j'appartiens au service des ressources humaines ou à ma nouvelle unité d'affaires ? »

Cette phase 2 inclut également des questionnements au sujet du pouvoir décisionnel, de sa place dans l'organisation et de son influence. Maints changements portent en eux des répercussions importantes sur les statuts informels au sein d'une équipe. Ainsi, la personne qui était la référence dans un domaine, par exemple dans la préparation de rapports financiers, peut avoir le sentiment de perdre son expertise dès qu'est implanté un nouveau système informatique, qui génère les rapports automatiquement. Cette personne perd donc ses tâches courantes mais aussi son expertise. Elle se retrouve au même point que ses collègues dans l'apprentissage du nouveau logiciel. Elle peut même accuser un certain retard dans l'apprentissage du nouveau logiciel par rapport à un jeune collègue qui pourra apprendre plus rapidement et prendre sa place informelle au sein du groupe. Tous les employés connaissent des préoccupations de phase 2, auxquelles une vigilance doit être accordée si le manager veut conserver son personnel et maintenir sa motivation.

Les préoccupations de la phase 2 concernent également l'environnement physique de travail. Le destinataire évalue son nouveau bureau (ouvert ou fermé, avec ou sans cloisons), sa place de stationnement (assignée ou non ; extérieure ou intérieure ; payante ou non), ses nouvelles conditions de travail, le nouveau trajet de la maison au bureau et l'horaire de travail. Bref, il évalue tous les impacts plus ou moins directs que le changement a sur lui et sur sa vie privée.

Les préoccupations de la phase 2 font aussi référence à la notion de rôle. Un destinataire peut être inquiet de devoir répondre à des attentes ou à des demandes contradictoires (conflit de rôles). Par exemple, il peut relever de deux patrons dont les demandes ont fréquemment le même échéancier. S'il connaît une surcharge de travail, il vit aussi des préoccupations de phase 2.

Phase 3 : préoccupations centrées sur l'organisation

À la phase 3, les interrogations ou les inquiétudes du destinataire ont pour objet l'organisation, c'est-à-dire les effets du changement sur l'organisation, l'engagement de la direction envers le changement et la capacité de l'organisation à changer. Le destinataire s'inquiète des résultats anticipés ou réalisés en fonction des objectifs du changement, de la rentabilité, de l'efficacité à long terme[13], des bénéfices et de la pérennité à la suite de l'implantation du changement.

Avant de déployer des efforts pour s'adapter au changement, le destinataire désire s'assurer que le projet de changement se concrétisera. Il s'interroge sur la légitimité du changement[14], ses raisons, sa pertinence, ses objectifs et les impacts estimés. En ce sens, plus le diagnostic du changement aura été complet, meilleurs seront les arguments en faveur du changement.

En fait, la haute direction passe souvent plusieurs mois – de 3 à 12 – à réaliser un diagnostic stratégique basé sur son positionnement dans le marché, ses résultats précédents, sa vision, ses valeurs, les atouts et les faiblesses de son organisation, avant d'amorcer un type particulier de changement. Il devient tout à fait naturel pour un destinataire de prendre le temps de saisir les enjeux stratégiques et organisationnels du changement annoncé.

Le destinataire doute aussi du sérieux et de l'engagement de la direction de l'organisation envers le changement. Un destinataire fort scolarisé me disait : « Est-ce que l'organisation aura assez de souffle pour aller jusqu'au bout ? » Les préoccupations portent alors sur les ressources mises de l'avant pour que le projet prenne son envol, réussisse et perdure dans le temps. Si l'organisation possède un historique[15] de changements qui se sont avérés négatifs, le destinataire aura tendance à connaître des préoccupations de phase 3 plus intenses.

Une organisation qui passe rapidement d'un changement à un autre (*changeaholic*) aura tendance à provoquer chez le destinataire de fortes préoccupations de phase 3. Il semble également que le destinataire soit sensible à la présence continue de la direction tout au long de l'implantation du changement, et non seulement lors de l'annonce initiale. L'absence de la direction ou l'absence d'information émanant d'elle peut susciter des préoccupations de phase 3.

Lors de cette phase, le destinataire se préoccupe des incidences du changement sur les clients de l'organisation, plus particulièrement sur ses clients à lui. Ainsi, le représentant commercial sera inquiet des incidences du nouveau système de prise de commandes sur ses clients, tandis que la spécialiste en ressources humaines sera soucieuse de l'impact du nouveau système de paie sur les employés, ses clients internes. Le destinataire se préoccupe aussi du climat de travail au sein de l'organisation.

Ce questionnement n'est pas seulement présent à l'amorce du changement, mais il peut également revenir à la suite d'une décision qui semble contraire à l'objectif initial. Par exemple, le report d'un projet pilote ou le retard d'implantations dans divers emplacements de l'entreprise peuvent engendrer des préoccupations de phase 3, tout comme la nomination d'un nouveau président ou vice-président. Si la vision et les valeurs de ce nouveau dirigeant ne sont pas conformes au changement implanté, il y a de grands risques que le destinataire remette en cause le changement et doute de sa réalisation.

Bref, dans la phase 3, le destinataire évalue la capacité organisationnelle à se transformer et à se reconstruire[16].

Phase 4 : préoccupations centrées sur le changement

La phase 4, centrée sur le changement, fait état d'un questionnement sur la nature exacte du changement. Le destinataire veut obtenir des précisions sur différents aspects de la transformation : sa nature, la date d'implantation, le scénario de déploiement. Il veut être informé du processus d'implantation. À ce moment-là, il est pertinent de lui présenter en détail le plan de mise en œuvre, le scénario, les cibles, le rythme du changement, les résultats anticipés et les ressources déployées.

À ce stade, le destinataire manifeste beaucoup d'intérêt pour le projet de changement et sa mise en œuvre. Il veut comprendre le changement qui s'annonce. Ses préoccupations porteront sur le :

• quoi (ce qu'est le changement) ;

• comment (la mise en œuvre du changement dans ses grandes lignes) ;

• quand (moment où aura lieu le changement, respect des échéanciers) ;

• pourquoi (les objectifs visés) ;

• qui (qui s'occupe du changement) ;

- où (projets pilotes, essais dans les services, etc.) ;

- avec qui (participation, consultation des destinataires dans le processus de mise en œuvre).

«Comment va fonctionner ce système?» C'est ce que se demande par exemple le destinataire dans le cas d'une implantation technologique. Il se posera aussi des questions sur les différentes caractéristiques du système (facilité d'accès, qualité, etc.).

Concernant les communautés de pratique[17] (groupe de personnes ayant en commun un domaine d'expertise et qui se rencontrent pour échanger, partager et apprendre les unes des autres), les préoccupations de la phase 4 touchent, entre autres, l'information transmise, la clarté du but visé, le choix de la thématique sur laquelle les membres travaillent et le temps consacré à la mise sur pied de la communauté. Tous les processus de fonctionnement inhérents à la communauté font partie des préoccupations de phase 4 : la qualité des interactions et des communications, la composition de la communauté, la transparence des échanges, la gestion des connaissances.

Phase 5 : préoccupations centrées sur l'expérimentation

À la phase 5, le destinataire entretient des préoccupations centrées sur l'expérimentation du changement. Il désire explorer le changement prescrit et se préoccupe de sa capacité à s'approprier le changement et de la capacité des autres à s'adapter. Il veut des outils qui faciliteront son appropriation du changement.

Le destinataire, à la phase 5, doute souvent de sa capacité à apprendre et à s'adapter au changement. Il manque d'assurance devant la tâche d'apprentissage. Saura-t-il trouver le temps d'apprendre et être efficace dans ses nouvelles tâches, avec ses nouveaux outils ou dans son nouvel environnement ?

Ce genre de préoccupation se reflète à l'échelle de la collectivité. Non seulement le destinataire est préoccupé par sa propre capacité à s'adapter mais aussi par la capacité collective des membres de sa communauté à créer une synergie, à apprendre collectivement, à partager leur savoir et à bâtir la confiance entre tous.

Le destinataire peut être inquiet quant aux efforts à déployer pour modifier ses habitudes de travail. En effet, changer signifie fournir des efforts, porter une attention particulière à une tâche. Changer est rarement automatique. Apprendre[18] signifie généralement dégager suffisamment d'énergie et une plus grande concentration, ce qui exige des efforts non négligeables. Pour certaines personnes, consacrer suffisamment d'énergie de façon soutenue, pendant une assez longue période (des semaines), exige une bonne capacité d'adaptation, surtout lorsque les résultats tardent à venir malgré les efforts déployés.

Durant cette phase de préoccupations centrées sur l'expérimentation, le destinataire s'inquiète de l'aide et du soutien dont il devrait bénéficier pour s'adapter, apprendre et expérimenter. Ainsi, il s'enquerra des actions organisationnelles qui seront mises en place. L'une d'elles, de loin la plus populaire, est la **formation**. Dans certains cas, la formation rappelle au destinataire de douloureuses expériences d'échec liées au système scolaire. Loin d'être neutre, la formation porte en elle son lot d'incertitudes et d'expériences passées plus ou moins positives. Certaines personnes ne se sentent pas prêtes à apprendre et à faire du progrès.

Le destinataire en phase 5 se préoccupe autant du contenu de la formation que de son adaptation à la nouvelle situation. Par exemple, est-ce que la formation sera ciblée (groupes plus ou moins avancés, selon les cas)? Sera-t-elle offerte au bon moment? Certaines périodes sont plus propices que d'autres, selon l'intensité du travail, les congés ou l'achalandage. Il faut éviter de donner de la formation pendant une période d'activités intenses. De plus, la formation a tout intérêt à être offerte au moment où le destinataire peut transférer ses connaissances ou habiletés nouvellement acquises. Le destinataire évalue la « quantité » de formation, par exemple le nombre de jours de formation par rapport à l'ampleur des nouvelles exigences, de même que le matériel qui appuie la formation (ouvrages de référence, site intranet, etc.).

Le destinataire se préoccupe également des **ressources** qui seront mises à sa disposition pour faciliter son appropriation du changement. Aura-t-il accès à un service d'aide en ligne, à un formateur à l'interne, à une personne-ressource dans son service, à un coach, à un mentor[19], à un consultant, à des ressources humaines supplémentaires ? Pour une communauté de pratique, les ressources prennent la forme des capacités de l'animateur et du parrain à offrir un soutien convenable. Aura-t-il suffisamment de temps pour apprendre et pratiquer ses nouvelles habiletés ?

Outre la formation et les ressources, l'information diffusée par rapport au changement préoccupe le destinataire. Pour s'adapter, il a besoin d'une information juste, accessible et adaptée. Il peut demander des ressources supplémentaires afin de surmonter une surcharge de travail.

Plus évoluées, les préoccupations de la phase 5 portent sur le besoin de bien maîtriser ses tâches mais également de comprendre comment elles s'intègrent à celles des autres.

Lorsque ces préoccupations disparaissent, la majorité des destinataires s'habituent à une nouvelle routine ; pour eux, le changement est accompli. Toutefois, quelques-uns auront d'autres préoccupations, de phases 6 et 7.

Phase 6 : Préoccupations centrées sur la collaboration

La phase 6 fait référence à des préoccupations centrées sur la collaboration, l'entraide et la coopération. Le destinataire pense notamment au transfert du changement à d'autres destinataires et à la collecte d'information sur les nouvelles façons de faire. Cette phase n'arrive que lorsque le destinataire applique le changement.

Dans cette phase, le destinataire veut informer ses collègues des problèmes qu'il a éprouvés et des solutions qu'il a essayées. Il est désireux de discuter avec les destinataires d'autres services des façons de faire et de leurs impacts. Une fois qu'il maîtrise assez bien son travail au quotidien, il désire élargir ses horizons et mieux connaître les autres destinataires qui ne font pas nécessairement partie de son cercle immédiat.

Le destinataire est inquiet du transfert des nouvelles pratiques. Par exemple, en phase 6, une infirmière possédant une expertise pointue voudra former d'autres ressources, dans son centre hospitalier ou ailleurs, une fois le changement complété dans son unité.

Durant cette période, le destinataire se renseignera auprès d'associations professionnelles ou de spécialistes sur tous les sujets entourant le changement déployé dans son organisation. Il s'assurera du transfert des compétences dans d'autres services, succursales ou filiales.

Phase 7 : préoccupations centrées sur l'amélioration du changement

À la phase 7, dite d'amélioration continue du changement, le destinataire voudrait relever de nouveaux défis et trouver de nouvelles façons d'améliorer le changement déjà en place.

Le destinataire entrevoit des possibilités d'innovation, d'amélioration continue, de remplacement, de révision du changement ou des processus (fabrication, distribution, achats, service à la clientèle) inhérents au changement. Il craint les systèmes parallèles qui pourraient sournoisement s'immiscer dans l'organisation. Il est désireux d'adapter ou de simplifier des procédures jugées moins performantes. Il se préoccupe d'optimiser les effets positifs du changement dans son service ou dans l'ensemble de l'organisation. Ce destinataire ne se contente pas de la nouvelle situation : il propose des innovations qui vont au-delà de ce que l'organisation avait préalablement planifié.

Il est à noter que la phase 7, tout comme la phase 6, n'est possible qu'une fois le changement mis à l'essai et installé. Si des préoccupations de la phase 7 surviennent en période de préchangement, elles peuvent révéler de la résistance : le destinataire veut modifier le changement à sa façon avant même d'en faire l'essai.

Le modèle des phases de préoccupations est utile et efficace pour aborder les réactions légitimes du destinataire. Ce dernier réagit au changement en entretenant des préoccupations, qui deviennent plus ou moins intenses au fur et à mesure qu'il agit efficacement, que le changement se déploie et que des gestes de gestion appropriés sont faits.

Le tableau 7 présente une grille d'observation des phases de préoccupations adaptée à une fusion. Pour un usage plus courant, le lecteur est invité à remplacer le mot « fusion » par le mot « changement ». Plusieurs énoncés demeurent similaires.

TABLEAU 7

GRILLE D'OBSERVATION DES PHASES
DE PRÉOCCUPATIONS LORS D'UNE FUSION

PHASE 1. AUCUNE PRÉOCCUPATION ENVERS LA FUSION

◎ Le destinataire ne se sent pas personnellement concerné par la fusion.

◎ Il poursuit ses activités, fait comme si de rien n'était.

◎ Il demeure indifférent ou à l'aise par rapport à la fusion.

➢ **Expressions courantes**

- « Ça ne me concerne pas ; y a rien là. »
- « J'attends de voir… »
- « De toute façon, on n'y peut rien. »
- « Ce n'est même pas certain que la fusion se réalisera. »
- « Nous, on ne sera pas touchés. »
- « On était tellement bien avant ! »

PHASE 2. PRÉOCCUPATIONS CENTRÉES SUR LE DESTINATAIRE

◎ Le destinataire est inquiet des incidences de la fusion sur lui-même et sur son poste.

◎ Il se pose des questions quant au maintien de son poste à la suite de la fusion et aux conséquences de la fusion sur son rôle, ses tâches, ses responsabilités, son statut, son pouvoir décisionnel, ses conditions de travail.

◎ Il craint que les compétences requises soient différentes à la suite de la fusion, ce qui le rendra moins efficace.

◎ Il n'a plus l'impression de maîtriser la situation, ignore ce qui l'attend et remet en question sa place dans l'organisation.

➢ **Expressions courantes**

- « Qu'est-ce qui va m'arriver ? Je suis très anxieux… »
- « J'ai peur de perdre mes acquis, mes conditions de travail, mon patron, mes collègues, mon milieu de travail, mon autonomie, mon statut, mon poste. »
- « Je mets toutes les chances de mon côté : j'envoie mon CV ailleurs. »

TABLEAU 7 *(suite)*

GRILLE D'OBSERVATION DES PHASES
DE PRÉOCCUPATIONS LORS D'UNE FUSION

PHASE 3. PRÉOCCUPATIONS CENTRÉES SUR L'ORGANISATION

◎ Le destinataire s'interroge sur les impacts et les conséquences de la fusion.

◎ Il veut vérifier si son investissement en temps et en énergie en vaudra la peine.

◎ Il se demande, entre autres choses, jusqu'à quel point la nouvelle entité sera solide à long terme.

◎ Il se préoccupe de la capacité des organisations touchées à réaliser la fusion telle qu'elle a été annoncée.

◎ Il se préoccupe de la capacité de la nouvelle entité à s'adapter.

◎ Il se préoccupe des impacts de la fusion sur le service à la clientèle, sur le climat de travail et sur le personnel.

➢ **Expressions courantes**

• «Est-ce que la fusion se réalisera? J'ai entendu dire que...»

• «Est-ce qu'on sera capable de réaliser la fusion?»

• «Quels seront les impacts de la fusion sur notre efficacité, sur notre climat de travail?»

PHASE 4. PRÉOCCUPATIONS CENTRÉES SUR LA FUSION

◎ Le destinataire quitte la zone de confort et s'informe de la nature exacte de la fusion.

◎ Il cherche des réponses à sa méconnaissance de la fusion.

◎ Il devient attentif, proactif et à la recherche d'information concernant la fusion : «Pour quand la fusion est-elle prévue? Comment se fera-t-elle?»

◎ Il se préoccupe de la qualité de la mise en œuvre et de son aboutissement, de sa légitimité, de la collaboration des employés à la fusion.

➢ **Expressions courantes**

• «Quel est le plan de mise en œuvre de la fusion?»

• «J'aimerais en connaître davantage au sujet de la fusion.»

• «Je voudrais savoir quels sont les buts visés par la fusion.»

• «Qu'est-ce qui sera centralisé et décentralisé?»

• «Qui s'occupera d'harmoniser les liens et les responsabilités entre les services?»

• «Va-t-on nous consulter, nous mettre à contribution?»

• «Ça fonctionne comment dans d'autres organisations fusionnées?»

PHASE 5. PRÉOCCUPATIONS CENTRÉES SUR L'EXPÉRIMENTATION

◎ Le destinataire se conforme aux nouvelles exigences requises par la fusion et essaie de s'y adapter.

◎ Il vit un sentiment d'incompétence par rapport à ses nouvelles fonctions, habiletés et compétences.

◎ Il doute de sa capacité de réussir, c'est pourquoi il s'interroge sur le temps à sa disposition, les conditions et l'aide qui lui sont offertes.

◎ Il veut bien réussir son appropriation.

➤ **Expressions courantes**

- « Est-ce que je vais être capable de… ? Ai-je suffisamment d'énergie pour affronter cela ? »
- « Vais-je avoir le temps de tout apprendre ? Combien de temps ça va prendre ? »
- « Est-ce que mon supérieur comprendra que je suis moins efficace parce que je suis en période d'apprentissage ? »
- « Va-t-on me former ? »
- « Est-ce que des personnes-ressources compétentes m'aideront ? »

PHASE 6. PRÉOCCUPATIONS CENTRÉES SUR LA COLLABORATION

◎ Le destinataire se montre intéressé à collaborer et à coopérer avec d'autres unités fusionnées.

◎ Il désire partager son expérience.

➤ **Expressions courantes**

- « Ça vaudrait la peine qu'on se réunisse pour… »
- « J'aimerais rencontrer les professionnels des autres services afin que nous partagions nos expériences. »
- « On devrait se rencontrer plus souvent et faire le point. »

PHASE 7. PRÉOCCUPATIONS CENTRÉES SUR L'AMÉLIORATION

◎ Le destinataire désire améliorer ce qui existe déjà, par des modifications majeures à son poste de travail ou à ses responsabilités, ou par de nouvelles utilisations ou applications émanant de la fusion.

◎ Il est préoccupé par l'amélioration des nouvelles façons de faire.

➤ **Expressions courantes**

- « Essayons ceci. »
- « Et si on faisait cela ? »
- « Comment pourrions-nous améliorer notre efficacité dans notre unité fusionnée ? »

Conclusion

L'attention portée aux préoccupations du destinataire permet d'aborder son vécu de façon légitime, non menaçante, innovatrice, constructive et respectueuse de sa personne. Cette approche est riche en matière de contenu et d'interprétations en vue d'interventions spécifiques et séquentielles. Elle offre des repères fort utiles en gestion du changement.

Par ailleurs, elle propose au destinataire de s'approprier le changement à son rythme, de faire valoir ses préoccupations de façon à ce qu'il conserve son intégrité et sa santé physique et psychologique. Elle aide le manager à mieux comprendre les différentes préoccupations du destinataire et l'oriente vers des actions pertinentes. Elle lui offre un accès direct aux zones d'inconfort du destinataire au fur et à mesure que le changement se déploie.

Les prochains chapitres s'appuient sur cette théorie des phases de préoccupations et proposent à différents acteurs du changement des actions et des interventions susceptibles d'aider le destinataire à aplanir ses préoccupations. Mais avant, le chapitre 5 enchérit sur ce modèle intéressant et efficace.

NOTES

1   Voir les études de Bareil (1997, 2001a) ; Bareil et Boffo (2003) ; Rioux, Bareil et Éthier (2003) ; Bareil et Savoie (2002ab).

2   Voir les études de Boffo et Bareil (2001) et de Bareil et Boffo (2003). D'autres auteurs retiennent le construit de « préoccupations et d'inquiétudes » pour identifier un accès direct à la réalité et aux croyances des individus. Par exemple, Duhamel (2003, p. 61), dans son approche systémique auprès de la famille, propose comme canevas d'entrevues avec la famille des questions concernant les préoccupations et les inquiétudes des familles.

3   Fuller (1969) avait identifié quatre regroupements de préoccupations (*cluster of concerns*) : 1 – Absence de préoccupation (*Unrelated Concerns*) ; 2 – Soi (*Self Concerns*) ; 3 – Tâche (*Task Concerns*) ; 4 – Impact (*Impact Concerns*).

4   Pour Hall et Hord (1987, p. 59), la définition du mot « *concern* » (alors que le mot « *preoccupation* » existe aussi dans la langue de Shakespeare) est : « *a mental activity composed of questioning, analyzing, and re-analyzing, considering alternative actions and reactions, and anticipating consequences* ». Plus récemment, Hall et Hord (2001, p. 57) ont écrit : « *In fact there is a developmental pattern to how our feelings and perceptions evolve as the change process unfolds, which we have named the Stages of Concern.* » Pour eux, une préoccupation serait donc une perception et un sentiment à l'égard du processus de changement. J'ai tenté d'enrichir cette définition qui me semblait plutôt générale.

5   Consulter Hall, George et Rutherford (1977, 1986). Sept stades de préoccupations (de 0 à 6) avaient été identifiés : 0 – *Awareness* ; 1 – *Informational* ; 2 – *Personal* ; 3 – *Management* ; 4 – *Consequence* ; 5 – *Collaboration* ; 6 – *Refocusing*. Les qualités métriques du questionnaire ont également été vérifiées par différents auteurs dont Bailey et Palsha (1992).

6   Bareil (1997) a répertorié les études référant à la validité de construit des sept stades (*Stages of Concerns*) du modèle de Hall et a effectué une lecture critique des résultats de recherche concernant le nombre de phases et leur évolution dans le temps. La plupart des études consultées provenaient de la banque de données ERIC, spécialisée en éducation. Il semble que le modèle ait peu évolué depuis ses origines. Consulter Hall, 1976, 1979 ; Hall, George et Rutherford, 1977, 1986 ; Hall et Hord, 1987, 2001.

7   Je tiens à remercier mon équipe de recherche et plus particulièrement M. André Savoie, professeur titulaire au Département de psychologie à l'Université de Montréal, pour sa collaboration à la recherche. Je remercie également mes assistantes de recherche : Céline Boffo, Phanie Rioux, Martine Visinand, Justine Gagnon, Mireille Gaudreau et Kathrin Searle pour leur excellent travail.

[8] Pour en savoir davantage sur ces études, consulter Bareil (1997, 1998abc, 1999, 2001ac, 2003, 2004ab) ; Bareil et Boffo (2003) ; Bareil, Gagnon et Searle (2004) ; Bareil et Savoie (2002a, 2003) ; Bernier, Bareil et Rondeau (2003) ; Boffo et Bareil (2001) ; Rioux, Bareil et Éthier (2003) ; Savoie, Bareil, Rondeau et Boudrias (2004).

[9] L'appellation des phases, leur contenu, leur ordonnancement et leur approfondissement ont été revus à la suite de nos résultats de recherche. Un des principaux constats veut que toutes nos études tendent à confirmer l'existence de sept regroupements de préoccupations à l'égard d'un changement organisationnel majeur. Il y aurait au moins sept phases de préoccupations (et non cinq stades comme l'avaient soulevé quelques auteurs). Les résultats d'études (Bareil, 1997, 1998b, 2001ac, 2003, 2004b ; Bareil et Savoie, 2002a ; Rioux, Bareil, Éthier, 2003) ont donc confirmé l'existence des sept phases de préoccupations, confirmé la corrélation avec les degrés d'adoption d'une innovation et partiellement confirmé statistiquement l'évolution des phases de préoccupations dans le temps. Une analyse comparative très détaillée sur l'évolution des modèles depuis Fuller (1969) est présentée dans Visinand (2003, p. 21). Par rapport au modèle de Hall, la deuxième phase a été déplacée vers le début de la séquence des préoccupations parce que, dans la pratique et d'après les résultats d'études, c'est elle qui est exprimée parmi les toutes premières préoccupations : « Que va-t-il m'arriver ? » Cela correspond toutefois au modèle initial proposé par Fuller (1969), pour qui les préoccupations plus personnelles (*Self*) survenaient tout de suite après l'absence de préoccupations (*Unrelated*). Le contenu de la troisième phase, centrée sur l'organisation, a été modifié. Il s'agit d'un contenu nouvellement apparu dans nos études. La quatrième phase, centrée sur le changement, englobe le plan de mise en œuvre. La cinquième phase, centrée sur l'expérimentation, traite de la capacité de l'individu à s'adapter et du soutien reçu. Le contenu des phases 1, 6 et 7 a été très peu modifié. Les phases sont numérotées de 1 à 7 (et non de 0 à 6 comme le proposaient Hall et Hord, 1987) pour des raisons pratiques.

[10] Dent et Goldberg (1999ab) ont également retenu le termes « pertes » pour refléter la résistance au changement.

[11] Depuis Bareil et Savoie (2003), j'ai remplacé le titre de la phase 2, qui était « Sécurité du poste », par « Préoccupations centrées sur le destinataire » pour mieux refléter tous les impacts personnels que vit le destinataire, peu importe le type de changement.

[12] Pour plus de détails, consulter Bourque (1995), qui a traité du syndrome du survivant dans les organisations.

13 Les conséquences ou impacts du changement sur l'organisation peuvent être illustrés par les représentations de l'efficacité organisationnelle, proposées par Savoie et Morin (2002). Ces auteurs retiennent les dimensions suivantes pour évaluer l'efficacité organisationnelle : l'efficience économique, la pérennité de l'organisation, la légitimité organisationnelle, la valeur du personnel et l'arène politique.

14 Le concept de légitimité du changement stratégique est abordé par Abé (2002) et par Rondeau (2002, p.102).

15 Rondeau (2002, p. 103) indique que « Une autre façon d'évaluer le niveau d'inertie d'une organisation concerne son historique de changement. Ainsi, plus une organisation a réussi dans ses expériences antérieures de changement, plus elle a de chances d'entreprendre avec succès une nouvelle transformation. On peut aussi affirmer que l'inverse se vérifie ».

16 Le concept de la capacité à changer de l'organisation a été abondamment traité dans les ouvrages de Hafsi et Demers (1997) et Hafsi et Fabi (1997). Selon ces auteurs, la capacité de l'organisation à changer est déterminée par le contexte, le leadership des dirigeants, la structure, la culture et le potentiel humain. Ces construits peuvent être utiles dans l'approfondissement des préoccupations de la phase 3.

17 Pour plus d'informations au sujet des communautés de pratique, consulter Wenger, McDermott et Snyder (2002) ou Bareil (2004b).

18 Le processus d'apprentissage est décrit dans Savoie (1987), alors que Morin (1996) traite des styles d'apprentissage.

19 Concernant le mentorat, consulter Bareil (2001b).

5 ❯ La face cachée des phases de préoccupations

Mes recherches et mes expériences d'enseignement avec le modèle des phases de préoccupations m'ont grandement éclairée au sujet de la «face cachée» de ces phases. En effet, si le chapitre 4 a décortiqué la «face visible» des sept phases de préoccupations, il se cache derrière ce modèle des dynamiques qui constituent les points forts de celui-ci. Il est important que le manager en soit conscient.

Témoignage
«Enfin un modèle utile en gestion des résistances!»

J'ai accueilli le modèle des phases de préoccupations de Céline Bareil avec emballement. Pendant des années, en tant que consultante en développement des organisations, j'ai fait face à ce qu'on appelait «la résistance au changement». J'ai tenté, souvent en vain, d'expliquer que ces comportements étaient une source importante d'information sur le déroulement du changement. Plutôt que de les considérer comme menaçants, nous devions voir en eux des clés qui nous permettaient d'ouvrir de nouvelles portes vers l'acceptation générale du changement. Mais mon intuition faisait face à un scepticisme de taille dans les milieux d'affaires.

Moi-même, à titre de gestionnaire, j'ai souvent ressenti des malaises par rapport à la mise en œuvre d'un nouveau système d'information de gestion ou d'une restructuration importante. Avec des questions jugées insidieuses, et qualifiées de «résistantes», des collègues ont même soulevé la méfiance de la haute direction ou des chefs de projet.

Heureusement, le modèle des phases de préoccupations vient clarifier un volet fondamental de la gestion du changement. Il ne considère pas les résistances comme des freins au changement. Il décrit simplement ce que toute personne vit à l'occasion d'un changement et comment évoluent ses inquiétudes. Cet angle en fait d'abord un outil réconfortant et éclairant. Le modèle propose également des interventions qui permettent au gestionnaire de faire face aux préoccupations du destinataire du changement. Ce second angle en fait alors un outil essentiel dans la conduite de toute stratégie de changement. »

Carole Brazeau
Chargée de cours, HEC Montréal

Ce témoignage de Carole Brazeau fait ressortir, entre autres, l'utilité du modèle des phases de préoccupations comme outil diagnostique mais aussi comme outil d'intervention. Il faut continuer d'approfondir ce modèle à l'aide de sa face cachée.

Le destinataire, toujours l'acteur clé

En fonction du modèle théorique des phases de préoccupations, le destinataire est l'acteur principal du changement, responsable de son appropriation du changement. Il est sans contredit l'acteur clé du changement.

Le destinataire vit sa « transition » qui est, dans ce modèle, composée d'une série de préoccupations évolutives. En fait, le processus de transition se compose de sept phases de préoccupations qui évoluent dans le temps.

Le destinataire « s'approprie » le changement lorsqu'il prend conscience de ses préoccupations et qu'il cherche à les aplanir. Par cette appropriation du changement, il développe sa capacité à changer. Le processus d'appropriation est donc composé, dans ce modèle, de deux parties : le diagnostic des préoccupations et l'intervention.

Appropriation du changement

1. le diagnostic des préoccupations	=	je connais mes préoccupations
2. l'intervention en réponse aux préoccupations	=	je cherche des réponses satisfaisantes à mes préoccupations

---

En ce sens, les cinq rôles du destinataire (décrits au chapitre 2) sont activés par le destinataire qui s'approprie le changement. Dans la phase 1, « aucune préoccupation », le destinataire joue son rôle de **détection** du changement. Il capte les signaux lui indiquant l'arrivée d'un changement. Puis, il joue son rôle de **diagnosticien** lorsqu'il prend conscience de ses préoccupations (phases 2 à 7). Il joue son rôle de **décideur** lorsqu'il prend la décision d'accepter le changement plutôt que de se retirer, comme il le ferait s'il quittait l'organisation. Il joue son rôle **d'intervenant** lorsqu'il prend les moyens pour trouver des réponses satisfaisantes à ses préoccupations (phases 2 à 7) et joue son rôle **d'influence** lorsqu'il fait connaître ses préoccupations (phases 2 à 7) à son supérieur, à ses collègues ou à tout autre acteur impliqué dans la mise en œuvre du changement.

Le destinataire est donc conscient de ses préoccupations et il est capable de les exprimer. Il se met en mode de recherche de réponses à ses préoccupations. Il est le seul en mesure d'évaluer la qualité de la réponse obtenue. Si la réponse est jugée satisfaisante, la préoccupation disparaît et une autre émerge ; dans le cas contraire, la préoccupation se maintient ou augmente d'intensité.

La dynamique des préoccupations

Les questions qui me sont fréquemment posées au sujet des phases de préoccupations me permettent d'aborder la dynamique de ce modèle.

Question 1. Qu'est-ce qui fait qu'une pensée devienne une préoccupation chez un destinataire ?

Une pensée devient une préoccupation lorsqu'elle devient plus présente à l'esprit du destinataire et qu'elle se manifeste sous la forme d'une inquiétude. Cette pensée est plus intense et absorbe son esprit. Quand il pense au changement, le destinataire ne fait attention qu'à cette pensée. Par exemple, à un moment donné, un destinataire devient « très » préoccupé par son implication dans le changement (préoccupation de phase 4, centrée sur le changement). Au même moment, un autre destinataire n'est pas du tout préoccupé par son implication dans le changement. Cette préoccupation peut donc être évaluée en fonction de son intensité : absente, faible, modérée ou élevée.

Le modèle prédit qu'un destinataire entretient plusieurs préoccupations en même temps lors de la mise en œuvre d'un changement. Toutefois, à un moment, il est plus absorbé par un petit nombre de préoccupations. Ce sont des préoccupations dominantes.

Une préoccupation dominante = une inquiétude plus forte, plus intense, plus importante.

Ex. : Je suis très préoccupé par la possibilité de perdre mon emploi.

Les préoccupations dominantes se regroupent généralement autour d'une même phase, à un moment donné. C'est ainsi qu'on parle de la phase dominante.

Une phase dominante de préoccupations = un ensemble de préoccupations dominantes.

Ex. : Je suis très préoccupé par tout ce qui touche la qualité de la mise en œuvre du changement (préoccupations de phase 4 : qui, quoi, quand, comment, où, avec qui ?)

Le modèle des sept phases de préoccupations prédit que la première phase, « aucune préoccupation », sera plus présente à l'esprit du destinataire au début du changement. Cette première phase diminuera d'intensité et laissera émerger naturellement des préoccupations de phase 2, centrées sur le destinataire lui-même. Ces préoccupations deviendront à leur tour plus présentes et plus intenses dans l'esprit du destinataire et s'affaisseront graduellement si le destinataire y trouve des réponses satisfaisantes. Émergeront des préoccupations de phase 3, centrées sur l'organisation, et ainsi de suite. C'est ce qu'on appelle la dynamique du mouvement interphases, comme l'illustre le tableau 8.

TABLEAU 8

LA DYNAMIQUE DU MOUVEMENT INTERPHASES

a) ↑ augmentation des préoccupations liées à la phase 2

b) ↓ diminution des préoccupations liées à la phase 2
et ↑ augmentation des préoccupations liées à la phase 3

c) ↓ diminution des préoccupations liées à la phase 3
et ↑ augmentation des préoccupations liées à la phase 4

d) …et ainsi de suite jusqu'à ce que le destinataire n'ait plus de préoccupations au sujet du changement ⊃.

La dynamique du mouvement interphases démontre la variation dans l'intensité de chacune des phases. À l'instar des marches de l'escalier, le destinataire monte une marche à la fois (cette marche devient la phase dominante). Il gravite ainsi chacune des marches jusqu'en haut. La dynamique s'arrête lorsque le destinataire ne ressent plus de préoccupation par rapport au changement. Il dit qu'il ne s'agit plus d'un « changement », puisqu'il a pris de nouvelles habitudes et a adopté une nouvelle routine. C'est alors que le processus de « transition » prend fin et que le destinataire s'est approprié le changement.

Question 2. Peut-il y avoir plus d'une phase dominante au même moment?

Oui, bien que généralement il n'y ait qu'une seule phase dominante au même moment, un destinataire peut vivre plusieurs préoccupations, appartenant à plus d'une phase dominante. C'est comme si le destinataire se trouvait alors sur deux marches. Il vit plusieurs préoccupations, plus ou moins intenses. Ces préoccupations appartiennent à des phases, souvent successives. Généralement, les préoccupations les plus intenses, c'est-à-dire celles qui absorbent le destinataire à un moment donné, appartiennent à une même phase, la phase dominante. Le destinataire peut vivre plusieurs préoccupations plus ou moins intenses appartenant à une (ou deux phases).

Question 3. Qu'est-ce qui fait qu'un destinataire ressent plus ou moins intensément certaines préoccupations plutôt que d'autres à un moment donné?

Selon les résultats de recherche[1], l'intensité des phases et l'évolution d'une phase vers une autre ne dépendent pas du sexe du destinataire, de son âge, de son expérience, de son ancienneté ou de son expérience antérieure avec le changement. En ce sens, je peux affirmer que le modèle des phases de préoccupations n'est pas discriminatoire.

L'intensité des préoccupations dépend plutôt de facteurs externes:

• L'ampleur du changement pour le destinataire

• Le poste occupé

• Le secteur ou le service dans l'organisation

• Les gestes organisationnels

• Les actions du supérieur immédiat

• La culture organisationnelle

• Le type de changement imposé

Question 4. Est-ce que les préoccupations sont individuelles ?

Tout destinataire vit des préoccupations plus ou moins intenses au fur et à mesure que le changement se déploie. Toutefois, les résultats de nos recherches démontrent que les préoccupations sont aussi groupales, c'est-à-dire qu'un groupe de destinataires vit les mêmes préoccupations (de même phase) au même moment. Encore faut-il être en mesure de bien identifier le « groupe » de destinataires ! Selon mon expérience, ce groupe qui vit les mêmes préoccupations au même moment possède les caractéristiques suivantes :

1. Le groupe de destinataires vit les mêmes impacts du changement, les mêmes répercussions sur ses tâches.

2. Le groupe de destinataires vit la même ampleur du changement.

3. Le groupe de destinataires est soumis aux mêmes gestes organisationnels.

4. Il s'agit d'un regroupement « naturel », selon la fonction ou l'appartenance à une unité.

Cette constatation est importante, car elle permet au gestionnaire de gérer les préoccupations de tout un groupe à la fois, pourvu qu'il sache distinguer les sous-groupes qui sont influencés différemment par le changement. Ainsi, le manager peut créer les conditions favorables à l'émission des préoccupations des sous-groupes et fournir des réponses adaptées. Je sépare souvent les groupes selon le rôle qu'ils tiennent dans le changement. Par exemple, j'isole le groupe de cadres et de gestionnaires du groupe de professionnels.

Les préoccupations sont donc individuelles mais aussi groupales.

Question 5. Peut-il y avoir un retour aux phases antérieures?

Oui, il peut y avoir un retour aux phases antérieures. Le destinataire peut revenir sur une marche précédente. La séquence des phases ne suit pas toujours son cours normal. Il arrive que des destinataires en phase 5, dont les préoccupations sont centrées sur l'expérimentation, retournent vers des préoccupations de phase 3, centrées sur l'organisation, si, par exemple, un nouveau directeur général, moins favorable au changement que le précédent, est nommé.

Des commis à qui on avait confié plus de responsabilités ont également vécu un recul. Après trois mois d'essai, la direction leur a retiré ces responsabilités pour les confier aux superviseurs. Se sentant trahis, les commis ont décelé là un manque de confiance à leur égard. Ils sont revenus à des préoccupations de phase 2, centrées sur le destinataire. Ils ont remis en question l'importance de leur rôle et se sont démotivés.

Essentiellement dynamique, le modèle permet d'avoir des repères utiles pour comprendre l'évolution du vécu d'un groupe de destinataires, dans un sens comme dans l'autre.

Question 6. Les préoccupations d'une même phase peuvent-elles évoluer?

Oui, il y a une certaine dynamique évolutive à l'intérieur d'une même phase, comme le montre la figure 2[2].

FIGURE 2

L'APPROFONDISSEMENT D'UNE PHASE

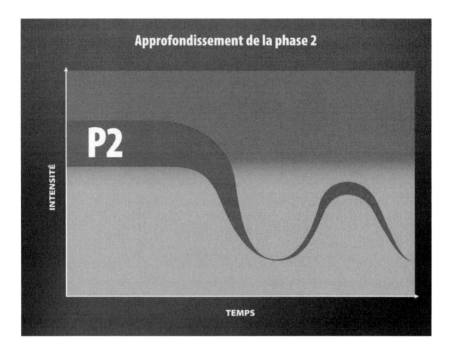

Voici le détail de ces évolutions au cours d'une même phase.

• Au début de la phase 2, le destinataire se préoccupe des pertes subies, de sa sécurité d'emploi, de ses nouvelles tâches. Un peu plus tard, il se préoccupera de son rôle, de sa surcharge de travail, de la réorganisation des tâches et de ses objectifs de rendement. Ce sont toutes des préoccupations de phase 2, qui se substituent au fil du temps.

• Au début de la phase 3, il se préoccupe de la capacité de l'organisation à accomplir le changement et de l'engagement de la direction. Un peu plus tard, il se préoccupera de l'effet du changement sur les clients.

- Au début de la phase 4, il se préoccupe des questions liées à la mise en œuvre (Qui ? Quand ? Quoi ? Comment ?). Ensuite, il se préoccupera du suivi et du bilan de la mise en œuvre.

- Au début de la phase 5, il se préoccupe de sa capacité à s'approprier le changement et de la formation offerte. Un peu plus tard, il se préoccupera de son perfectionnement et de l'accès aux ressources.

J'appelle ces évolutions au sein d'une même phase la dynamique du mouvement intraphase, par opposition à la dynamique du mouvement interphases.

La phase 1 n'arrive qu'au début du processus de changement, alors que les phases 6 et 7 n'arrivent qu'après un certain déploiement du changement. Ces trois phases semblent moins sensibles au mouvement intraphase que les phases 2 à 5.

Question 7. De combien de temps un destinataire a-t-il besoin pour traverser toutes les phases de préoccupations ?

La réponse la plus facile à cette question serait « Ça dépend » ! En effet, tout dépend du type de changement à implanter, des conditions de mise en œuvre, de la culture organisationnelle et, surtout, de la multiplicité des impacts du changement sur le destinataire, de l'ampleur du changement pour lui. Ça dépend également de sa capacité à apprendre et à faire face au changement.

Pour que la séquence des phases puisse se dérouler normalement, il faut un certain nombre de conditions favorables à l'émergence de préoccupations. Un changement légitime, un leadership important, des gestes organisationnels ciblés et, finalement, la volonté d'aller jusqu'au bout font partie de ces conditions. Sans elles, le progrès est arrêté et les préoccupations de phase 1 (aucune préoccupation) ou de phase 3, centrées sur la capacité de l'organisation à changer, risquent de demeurer intenses sans évoluer. On se rappelle également que la phase 5 peut mettre fin au cheminement du destinataire ; tous les destinataires n'atteignent pas les phases 6 et 7.

Question 8. Le modèle s'applique-t-il à un destinataire soumis à plusieurs changements en même temps ?

Lorsqu'un destinataire est soumis à des changements multiples en même temps (par exemple, changement du système informatique, déménagement, nouveau patron au style de gestion différent, restructuration, et ce, en l'espace de six mois), il a des préoccupations différentes pour chaque changement. Ainsi, le destinataire peut vivre de l'insécurité, soit des préoccupations de phase 2 liées à la restructuration, et avoir des préoccupations de phase 5 concernant le système informatique : aura-t-il de l'aide, de la formation ? Le destinataire a tendance à séparer les types de changements en fonction de ses réactions.

Prenons pour exemple le centre hospitalier Pierre-Le Gardeur, qui a vécu plusieurs changements simultanés et qui a fait l'étude systématique des préoccupations à l'égard de ces multiples changements.

Étude de cas

La direction du centre hospitalier Pierre-Le Gardeur a pris la décision, en 2003, de mesurer quantitativement les préoccupations des employés et des médecins. Déjà accompagnées par d'autres chercheurs du CETO (Centre d'études en transformation des organisations à HEC Montréal), Mme Gisèle Boyer et son équipe (dont le Dr Jacques Ricard et madame Michèle Côté) désiraient obtenir un portrait éclairant au sujet de trois changements simultanés : le déménagement et le transfert des activités vers le centre nouvellement construit, l'implantation d'un mode de gestion par regroupements de clientèles et l'introduction de nouvelles technologies. Cette étude diagnostique avait pour objectif de tracer un portrait de l'évolution des perceptions du personnel dans le but d'harmoniser et de cibler des actions précises visant à faciliter la transition des personnes durant la période de turbulence.

Résultats

Cette étude a fait ressortir que les mêmes destinataires ont des préoccupations distinctes envers des changements multiples.

• Les préoccupations majeures vis-à-vis du déménagement et du transfert des activités étaient distinctes des préoccupations reliées aux nouvelles technologies, en ce qui concerne les phases et les éléments préoccupants.

L'étude a permis à l'organisation :

• d'accorder des priorités aux actions envers un type de changement plutôt qu'un autre, selon l'urgence et l'intensité des préoccupations ;

• de confirmer les perceptions de la direction sur l'état de différents groupes et d'obtenir un portrait détaillé des préoccupations des différentes catégories de personnel ;

• de mettre en œuvre des actions et des interventions propres à des groupes de destinataires (médecins, infirmières, etc.). Par exemple, les employés du regroupement de l'urgence première ligne étaient préoccupés par la plus grande superficie de leur nouvel environnement de travail (qui triplait). Un comité de travail a donc été mis en place afin de revoir l'organisation du travail et les modes d'intervention auprès des patients ;

• d'intéresser le personnel, les cadres, les médecins et les représentants syndicaux aux résultats sur les préoccupations et, ainsi, de porter attention aux personnes durant le changement ;

• de mieux planifier la gestion du changement ;

- de faire le point sur la transition des destinataires. Par exemple, les employés ont reconnu, dans les résultats, les éléments qui les touchaient ;

- de mettre des mots sur ce que vivent les employés et les médecins ;

- de cibler les actions des cadres.

Ce cas pratique d'application du modèle des phases de préoccupations a donc permis de mieux évaluer les inquiétudes du personnel et des médecins du centre hospitalier à l'égard des trois changements. Cet exercice a aussi favorisé l'identification d'actions nécessaires à chacun des changements, en visant des groupes de destinataires très précis.

Les 6 postulats en matière de gestion du changement

Le modèle des phases de préoccupations sous-tend une série de postulats[3] en matière de gestion du changement. Ces postulats, auxquels j'adhère, sont les principes inhérents au modèle de gestion du changement. Les interventions à cet égard seront mieux réussies si ces principes sont respectés. En tant qu'entrepreneur, décideur ou manager, vous devez vous situer par rapport à ces postulats sur lesquels repose le modèle des phases de préoccupations.

Postulat n° 1 :
L'organisation ne change pas tant que les individus qui la composent ne changent pas.

Le succès d'un changement se confirme s'il y a une réelle modification des comportements de tous les destinataires. Ces derniers doivent s'approprier des pratiques conformes au changement déterminé. Une organisation ne peut changer en soi ; bien sûr, l'organigramme peut être modifié, mais le changement ne sera implanté que lorsque les comportements des destinataires seront conformes aux attentes de l'organisation. Le changement débute et se termine par l'individu. Il passe nécessairement par le volet humain. Une nouvelle technologie peut bien être implantée, mais si personne ne l'utilise, il n'y a pas de changement. Même lorsqu'un changement est déployé à une même date dans toute l'organisation, par exemple le lancement d'un système ERP, le rythme d'appropriation, d'apprentissage et d'acquisition de nouvelles compétences ne sera pas uniforme dans toute l'organisation. Il variera en fonction des secteurs plus ou moins touchés, des compétences des destinataires et de leur réceptivité au changement.

Postulat n° 2 :
Comprendre le point de vue du destinataire est essentiel à la réussite du changement.

Un changement réussi passe par une bonne compréhension des préoccupations du destinataire, et ce, autant par le destinataire lui-même que par son supérieur. Cette compréhension favorise le positionnement des préoccupations du destinataire en fonction des phases et les interventions qui viennent répondre à ses préoccupations. On ne peut pas ignorer le destinataire.

Postulat n° 3 :
Toutes les interventions et actions au quotidien sont majeures pour le succès du changement.

Souvent, l'équipe de gestion du changement planifie de grandes étapes clés pour l'implantation du changement, comme l'étape de la sensibilisation et celle de la formation. Bien qu'elles soient nécessaires, elles sont insuffisantes. C'est à l'aide de toutes les interventions, entre autres les actions et les gestes du quotidien de tous les managers et des autres acteurs (syndicat, ressources humaines, consultants, chefs de projet), que le destinataire modifiera ses comportements. Ces gestes sont cruciaux. Les gestes les plus importants sont souvent ceux que le manager oublie ou ne considère même pas : les encouragements, les marques de confiance, les questions posées à des moments importants, les rencontres formelles et informelles et, finalement, les conversations mobilisatrices, qui comptent vraiment pour le destinataire.

Postulat n° 4 :
Le changement se déploie à l'intérieur d'un processus.

Encore trop souvent, le changement organisationnel complexe est perçu comme un événement ponctuel, représenté par une date précise d'implantation et géré comme le serait un projet. Lorsque c'est le cas, la planification porte sur l'exécution d'une série d'activités, à l'intérieur d'une période limitée, souvent trop courte, avec les ressources en place. On communique, on forme, et on s'attend à ce que le changement ait lieu de façon presque automatique.

Au contraire, lorsque le changement est perçu comme un processus, la planification est davantage stratégique et systémique. Elle prévoit un délai raisonnable pour que le destinataire traverse les différentes phases « humaines », nécessaires à sa transition. Le changement est alors considéré comme un processus, beaucoup plus imposant que la simple annonce du changement ou les deux journées de formation... On prend en compte le fait que le destinataire doit se départir de ses habitudes devenues désuètes, doit comprendre la légitimité du changement proposé, l'accepter, acquérir de nouvelles compétences, connaissances et habiletés nécessaires à l'apprentissage de son nouveau rôle, utiliser de nouveaux outils de travail, dans un nouvel environnement de travail. Finalement, le destinataire redevient performant dans son travail, même plus performant qu'il l'était. Gérer un processus exige du temps et requiert des considérations techniques *et* humaines.

Postulat n° 5 :
La stratégie et la mise en œuvre comportent des enjeux distincts.

Il importe de distinguer que les facettes stratégiques et celles de la mise en œuvre du changement diffèrent. Leurs enjeux sont distincts. Ainsi, l'enjeu stratégique porte sur la décision de changer et la légitimité du changement en fonction de l'efficacité organisationnelle, tandis que la conduite du changement est axée sur les étapes ou les actions nécessaires à l'appropriation du changement par le destinataire. La stratégie touche l'avenir de l'organisation; la mise en œuvre du changement touche les employés. Le plan de déploiement du changement ne tient pas toujours compte des étapes nécessaires à l'appropriation du changement par le destinataire.

Certains chercheurs (Rondeau, 2002) soutiennent que c'est l'étape de la mise en œuvre qui est la plus difficile. Or, pour la direction, la décision est souvent le nœud du changement; une fois la décision prise, elle se désintéresse du changement et veut passer à autre chose. Pourtant, une mise en œuvre négligée constitue l'une des causes majeures d'échec du changement. Les deux étapes exigent des compétences distinctes de la part des acteurs du changement de même qu'un regard fort différent.

Postulat n° 6 :
Faciliter le changement est un effort d'équipe.

Le changement est l'affaire de plusieurs acteurs organisationnels. Même si le rôle du manager est indispensable à sa réussite, le rôle de la direction et celui des groupes de soutien qui accompagnent les destinataires dans le changement le sont tout autant. Plus l'effort d'équipe sera coordonné pour faciliter le changement, meilleure sera la mise en œuvre. Ce n'est que dans cette concertation que le changement s'effectuera aux trois niveaux : stratégique, fonctionnel et opérationel (Bernier, Bareil et Rondeau, 2003).

Conclusion

On l'a vu dans ce chapitre, la théorie des phases de préoccupations est dynamique dans le sens où on reconnaît :

• le début et la fin de la transition ;

• la continuité dans la séquence d'appropriation ou la rupture et le retour à une phase antérieure ;

• la dynamique interphases qui permet de mieux saisir l'intensité des préoccupations du destinataire, à l'aide du mouvement des phases ;

• la dynamique intraphase qui permet d'approfondir les préoccupations au sein d'une même phase ;

• la considération du rythme d'un destinataire ;

• les repères dans l'évolution des phases et l'intensité des préoccupations.

Cette théorie dynamique s'applique autant à un destinataire qu'à un groupe de destinataires. Ainsi, un manager peut détecter les préoccupations de ses sous-groupes et les situer dans une phase.

Peu importe le sexe ou l'âge des destinataires, leurs préoccupations donnent au manager un accès à leurs pensées et à leurs inquiétudes, sans égard à leur situation personnelle. L'intensité d'une préoccupation dépend de l'ampleur du changement sur le destinataire plutôt que de ses caractéristiques personnelles.

Finalement, les postulats sur lesquels est fondé le modèle théorique aideront le manager et tout autre acteur qui soutiendra le destinataire à gérer le changement efficacement.

Les prochains chapitres approfondissent les rôles des acteurs qui travaillent au changement. Ils mettent l'accent sur la **gestion** des phases de préoccupations.

NOTES

[1] Voir dans Bareil (1997) ; Boffo et Bareil (2001) ; Rioux, Bareil et Éthier (2003).

[2] Les analyses qualitatives très poussées de Rioux (thèse de doctorat en rédaction) et de Boffo et Bareil (2001) tendent à confirmer ces évolutions.

[3] Ces postulats s'inspirent de ceux de Hall et Hord (1987, 2001).

6 〉 Le manager : un acteur indispensable

« Gérer, c'est créer la clarté. »

Francine Roy,
psychologue du travail et des organisations,
Société Pierre Boucher

Jusqu'ici nous avons considéré le destinataire comme l'acteur principal du changement. Il est responsable de son appropriation. Nous avons constaté qu'il a plusieurs types de réactions devant le changement. Le destinataire peut difficilement s'approprier le changement qu'on lui impose sans aide ni soutien. Son supérieur immédiat est l'acteur le mieux placé pour l'aider à s'approprier le changement. Selon certaines études[1], les managers décrochent un C en gestion du changement ; à un test de connaissances, ils obtiennent en moyenne 71 % ! Il est donc urgent de mieux les outiller. Les outils de gestion présentés dans ce chapitre y contribueront.

La gestion des préoccupations du destinataire

Se «préoccuper des préoccupations» du destinataire constitue une stratégie de changement fort efficace[2] qui, dans plusieurs cas, a fait la différence entre le succès et l'échec d'un changement. L'action de s'informer et de recueillir les préoccupations du destinataire constitue en soi une approche efficace en gestion du changement. Sur-le-champ, le manager peut faire une différence entre un destinataire qui progresse et un autre qui stagne dans l'évolution de ses préoccupations.

Obtenir les préoccupations légitimes du destinataire, les décoder selon le modèle et intervenir de façon appropriée constituent des compétences clés, indispensables à une gestion d'avant-garde et respectueuse du destinataire. Ces compétences s'acquièrent et vont bien au-delà des simples intuitions ou d'une gestion approximative du changement. Elles constituent une stratégie d'action organisée et structurée. L'exemple du Groupe Lyras est révélateur.

Étude de cas

Serge Lyras, propriétaire et chef de l'exploitation du Groupe Lyras Assurances et Services financiers, a offert à ses managers une formation en gestion du changement sur le modèle des phases, à laquelle il a lui aussi participé. Il voulait que tous partagent un même langage et une même approche dans la gestion d'un important virage qu'il avait décidé d'entreprendre. À ce sujet, il mentionne : «Durant ce séminaire, nous avons pu discuter ensemble des impacts probables de la nouvelle structure et des réactions légitimes de nos conseillers. Nous avons élaboré un plan d'action précis concernant l'approche gagnante en fonction de notre culture organisationnelle. Cela a eu comme effet de cibler des priorités d'action et une stratégie de changement. Mes gestionnaires ont pu m'exprimer leurs propres préoccupations à l'égard du changement structurel. Ce fut enrichissant à la fois pour moi, pour mes principaux collaborateurs et pour toute notre équipe. En comité de direction, nous avons reparlé de notre stratégie afin de réussir notre changement majeur.»

L'entrepreneur Serge Lyras est d'avis que la gestion du changement est une habileté importante à acquérir pour tout cadre. Son entreprise, le Groupe Lyras, fondée il y a 60 ans, est née de la rencontre d'entrepreneurs dynamiques et a poursuivi sa croissance sous sa gouverne. Avec ses 120 employés, le Groupe Lyras se classe aujourd'hui parmi les 10 plus grands cabinets de courtage au Québec. M. Lyras a trouvé intéressant, utile et efficace le modèle des phases de préoccupations.

La connaissance et l'utilisation de ce modèle sont donc une avenue prometteuse pour tout dirigeant.

Un outil diagnostique efficace : la question gagnante

Les préoccupations du destinataire peuvent être diagnostiquées à l'aide d'une simple question mais combien efficace !

LA QUESTION GAGNANTE

« Qu'est-ce qui vous (te) préoccupe le plus actuellement par rapport au changement *(nommer le changement)* ? »

Cette question simple comporte cinq dimensions importantes qui font d'elle une question efficace.

1. Faisant partie intégrante de la question, le terme « préoccupation » signifie une inquiétude, un souci ou un questionnement par rapport au changement. Il est socialement bien accepté, puisqu'il est « naturel » d'être préoccupé à propos de quelque chose. Un employé parle aisément de ses préoccupations, sans se sentir coupable. Une préoccupation n'est ni positive ni négative. Il s'agit d'une façon originale et respectueuse d'aborder directement le vécu du destinataire, en situation de changement.

2. La question est propre au changement implanté. Les préoccupations sont attribuées à un seul changement à la fois.

3. Le terme « actuellement » force le destinataire à parler de ses préoccupations du moment présent, et non de ce qui est passé ou de ce qui est à venir. Comme elles font partie d'un modèle dynamique, les préoccupations sont appelées à se modifier et à changer. Quant à l'expression « le plus » intégrée dans la question, elle force le destinataire à faire le tri dans ses pensées pour ne nommer que ses préoccupations dominantes.

4. La question gagnante recentre le destinataire sur son propre vécu. Que le manager vouvoie ou tutoie le destinataire, il veut connaître ses préoccupations personnelles et individuelles par rapport au changement. Au lieu de parler du changement en général ou des collègues, elle recible le destinataire sur lui-même.

5. Cette question a un caractère universel. Nous l'avons vérifiée au Québec, en Europe et au Japon, dans le but de valider son utilité auprès de différentes cultures. Il semble que la référence aux émotions (préoccupations ou inquiétudes) soit assez universelle dans la mesure où un climat de confiance est installé.

Les usages de la question gagnante
La question gagnante peut être utilisée **informellement**, près du distributeur de café, ou plus formellement, au cours d'une **rencontre avec un employé.** Voyons un exemple.

Jean, directeur des ventes dans une petite entreprise, doit restructurer le territoire de même que le rôle et les responsabilités de ses six représentants, à la suite d'une décision administrative. Il doit annoncer à Claire, une représentante très performante, qu'elle changera de territoire. Claire lui avait cependant déjà signalé qu'elle quitterait l'entreprise si on lui assignait un nouveau territoire.

L'approche *traditionnelle* de Jean aurait été de «vendre» le nouveau territoire à Claire. Il lui aurait dit qu'elle est la plus compétente pour prendre ce territoire et que sa carrière pourrait en bénéficier. Il aurait insisté, lui aurait dit à quel point il avait besoin d'elle.

Ayant suivi la formation sur le modèle des phases, Jean opte pour une nouvelle approche, plus *respectueuse* de sa représentante et *basée sur ses préoccupations*. Jean indique d'abord à Claire qu'elle changera de territoire. Puis, il lui demande : «Quelles sont tes préoccupations actuelles par rapport à ce changement de territoire ? Qu'est-ce qui te préoccupe le plus en ce moment ?» Claire lui fait part qu'elle n'est pas certaine de connaître autant de succès. Elle a entendu dire que les clients du territoire qu'on lui impose sont exigeants et distants. De plus, elle doute de toucher d'aussi importantes commissions. Et il lui est difficile de déménager étant donné le jeune âge de ses enfants.

Jean se rend compte que les préoccupations de Claire ne vont pas dans le sens qu'il aurait pensé. Il la percevait comme une femme dynamique et sûre d'elle, mais il la découvre décontenancée en ce moment. Elle doute de ses capacités et s'inquiète de la stabilité de ses revenus (et non pas de sa carrière !). Grâce à son écoute, Jean peut comprendre le vécu de Claire et dresser avec elle une liste de solutions pratiques.

Ensemble, ils mettent en place un système de repérage des clients du territoire en question. Claire les visite, accompagnée de Jean et du représentant qui servait antérieurement cette région. Jean fixe avec elle de nouveaux objectifs de rendement et de nouveaux quotas de ventes. Claire décide de ne pas déménager mais de faire plus de route, tout en évitant les heures de pointe dans la mesure du possible.

Jean se rend compte qu'il aurait pu perdre une excellente représentante s'il n'avait pas su bien l'écouter. Il a retenu Claire dans l'entreprise parce qu'il a su décoder ses préoccupations de phase 5 et l'a aidée en répondant de façon adaptée à ses préoccupations.

La question gagnante peut également être posée **par écrit**, dans un courriel, aux télétravailleurs, aux travailleurs en régions éloignées ou à un destinataire introverti. Ce dernier préfère souvent l'usage de l'écrit, qui lui permet de réfléchir avant de répondre. Il appréciera prendre le temps d'écrire ses préoccupations avant d'en discuter avec son supérieur.

La question gagnante connaît aussi beaucoup de succès **auprès d'une équipe.** Le manager peut la poser au cours d'une réunion avec son personnel. Dans ce cas, une méthodologie particulière est à employer.

1. Il faut clarifier l'objectif de la réunion. Par exemple, ce peut être de mieux comprendre le vécu des employés dans le but d'intervenir adéquatement en tant que manager.

2. Il faut également établir des règles du jeu : toutes les réponses sont bonnes ; aucun jugement ne doit être porté sur les préoccupations des autres ; seules les questions de clarification sont acceptées ; la parole est donnée à tous, à tour de rôle ; dans le cas où la personne n'a plus rien à dire, elle mentionne « je passe » ; le tour s'arrête lorsque tous ont pu, à plusieurs reprises, s'exprimer librement sur leurs préoccupations.

La question est posée au groupe, puis le tour de table débute. Les réponses doivent être consignées, que ce soit sur un tableau à feuilles géantes ou à l'ordinateur, si l'écran est reproduit dans la salle pour que les participants puissent suivre. Le manager peut dès lors tenter de regrouper les préoccupations semblables. À la fin de la séance de travail, il tente de répondre aux préoccupations. S'il ne peut le faire, il indique le moment où il reviendra avec la réponse à la préoccupation.

Il peut terminer la rencontre par une autre question du type : « Qu'auriez-vous aimé ajouter au sujet du changement ? » ou « Y a-t-il d'autres questions que vous aimeriez que je vous pose ? » Cette ques-

tion ouverte permet souvent de soutirer des informations fort pertinentes. Il remercie finalement son équipe et indique que cette façon
de fonctionner fait partie d'une stratégie de gestion du changement.

Le processus doit se poursuivre pour réévaluer s'il y a eu réponse à la
phase antérieure, s'il y a eu cheminement vers d'autres phases (ou
retour en arrière). Il s'agit en fait d'un processus de questions-réponses
permanent avec réévaluation continuelle.

Une mise en situation

Sylvie est chef de service dans une moyenne entreprise depuis 10 ans.
Elle a participé à un séminaire sur le changement[3] et a conservé pré-
cieusement le modèle des phases.

Récemment, elle avait à gérer un changement qui touchait son
équipe, composée de 40 personnes. Sylvie est soucieuse du bien-être
de son personnel, qu'elle connaît assez bien. À l'annonce du changement et par la suite, elle a détecté des attitudes différentes envers le
changement. Elle a pu rapidement détecter les phases de préoccupations chez ses employés : ceux qui ne se sentent toujours pas concernés sont en phase 1 ; d'autres, en phase 2, craignent de perdre leur
travail ou des responsabilités ; certains veulent des clarifications au
sujet du changement (phase 4), tandis que d'autres désirent déjà l'expérimenter (phase 5).

Au lieu de réunir ses 40 employés et d'avoir avec eux une longue rencontre, comme elle le faisait par le passé, elle a formé des sous-groupes
en fonction des phases de préoccupations. Elle s'est fiée aux réactions
qu'elle a perçues. Rien de très scientifique, dira-t-elle, mais « je connais
mes gens et je peux généralement bien me fier à mes impressions ».

Avec ses sous-groupes de six à huit personnes, elle a discuté du changement. Cette rencontre a duré une heure, tout au plus. Cela a exigé d'elle cinq heures de rencontres au lieu de trois, mais ses employés ont passé seulement une heure en réunion, au lieu de trois !

Voici ce qui se dégage de sa démarche.

1. Les employés ont apprécié de lui parler en petit groupe et ils se sont sentis **écoutés et compris**. Dans les faits, Sylvie avait préparé sa rencontre pour répondre de manière particulière à la phase de préoccupations vécue par le groupe.

2. Les rencontres ont été productives, les gens avaient l'impression de progresser.

3. Sylvie a pu détecter les préoccupations de son personnel.

4. Elle a senti que ses employés étaient plus motivés. Ils avaient un plan d'action commun et partagé. Cela a également favorisé l'entraide parce qu'ils vivaient des préoccupations similaires. Le groupe en phase 5 a pu avancer, n'étant pas « ennuyé » par les employés en phase 1 ou 2.

Les employés ne se sont pas interrogés sur la façon dont ils avaient été regroupés. Tout ce qu'ils savaient, c'était que leur gestionnaire les avait réunis en plus petits groupes pour faciliter les discussions et répondre à leurs préoccupations.

Pourquoi la question gagnante fonctionne-t-elle aussi bien ?
La question gagnante fait partie d'un modèle de communication qui inclut un échange d'expériences, de sentiments et d'opinions entre des individus. Pour plusieurs personnes, cet échange est source de grand réconfort[4]. De plus, la définition des besoins (préoccupations) donne un accès privilégié à la réalité du destinataire et suscite chez lui une réflexion qui favorise sa prise en charge du changement.

La question gagnante fait également appel à l'empathie du manager. Il doit adopter le point de vue de l'autre, se décentrer, écouter avec attention la réponse de l'autre dans le but de comprendre le contenu informatif et affectif de son message[5]. La question gagnante amène donc le manager à faire preuve d'empathie[6] à l'endroit du destinataire.

Toutefois, la question gagnante n'est pas magique. Pour qu'elle soit « gagnante », il faut respecter six conditions :

1. La question gagnante exige un climat de confiance[7] entre le manager et le destinataire pour que ce dernier puisse livrer ses véritables préoccupations du moment. Le cas de Jean et de Claire illustre bien cette relation de confiance. Dans le cas d'un climat de méfiance, l'employé n'osera pas répondre à la question, craignant les représailles.

2. Le manager doit communiquer ouvertement avec ses employés, qui doivent avoir un peu l'habitude d'être consultés. Il faut également une communication bilatérale bien établie de même qu'un style de gestion participatif. Parce qu'elle est personnelle, la « question » ne devrait pas être posée en premier, au moment d'une première consultation. Les rencontres de Sylvie mettent en relief son ouverture à discuter des vrais enjeux avec ses employés.

3. Le manager doit être « disposé mentalement » à écouter des préoccupations et, pour ce faire, il doit être bien préparé et y consacrer le temps nécessaire. Sylvie avait soigneusement planifié ses rencontres, divisé ses groupes et préparé son message pour répondre à la plupart des préoccupations de son équipe. La meilleure façon de se préparer est de faire l'exercice en anticipation. Le manager est mieux préparé lorsqu'il prend conscience des préoccupations qu'il a lui-même traversées.

4. Le manager doit être disponible psychologiquement, c'est-à-dire ne pas être trop absorbé par autre chose et avoir l'intention de consacrer tout le temps voulu à l'écoute de ses employés et à la compréhension de leurs préoccupations. La question gagnante prend du temps, il vaut mieux le prévoir.

5. La question gagnante exige un suivi rigoureux. Il convient de réagir adéquatement aux préoccupations citées, sinon la crédibilité du manager est remise en question. Ce dernier doit s'engager à fournir les réponses et à agir conséquemment, en cohérence avec le changement annoncé.

6. Certaines techniques facilitent l'écoute active. Les plus fréquemment utilisées sont : la reformulation, l'écho, la relance, le résumé, l'élucidation, la clarification et le reflet[8]. Elles servent à poursuivre la discussion autour des préoccupations.

Les avantages et les inconvénients de la question gagnante

La question gagnante comporte cinq avantages indéniables :

1. Elle mène à des réponses précises de la part des destinataires.

2. Elle permet d'obtenir, directement des destinataires, un portrait de leur vécu affectif et cognitif.

3. Elle permet une interprétation quant à la phase de préoccupations dominante.

4. Elle mène à des interventions ciblées de la part du manager.

5. Elle prévient les comportements de résistance. En effet, les préoccupations sont antérieures aux besoins et aux comportements. Les destinataires sont d'abord préoccupés et, si leurs préoccupations perdurent, elles peuvent se transformer en résistance et empêcher tout comportement d'appropriation.

Malheureusement, la question gagnante prend du temps. Le manager doit prendre ou trouver le temps de la poser pour dégager les préoccupations des destinataires et intervenir judicieusement. Comment consacrer plus de 30 % de son temps à la gestion du changement, alors que les activités quotidiennes grugent déjà 110 % de l'énergie ? Cela exige une révision de ses priorités, négociée avec son supérieur, surtout que le temps investi en gestion du changement est bien investi.

RAPPEL DE LA QUESTION GAGNANTE

« Qu'est-ce qui vous (te) préoccupe le plus actuellement par rapport au changement *(nommer le changement)* ? »

Le questionnaire

Un autre outil à la disposition du manager pour diagnostiquer les préoccupations est le questionnaire écrit. Un questionnaire de recherche a été développé et fournit au manager et au décideur un diagnostic fiable et valide au sujet des préoccupations de ses différents groupes d'employés, destinataires d'un changement.

Bâti par l'auteure et disponible au Centre d'études en transformation des organisations (CETO) de HEC Montréal, un questionnaire de recherche sous une plate-forme Web est maintenant accessible. Ce questionnaire[9] de recherche permet le diagnostic de grande envergure, impliquant un grand nombre de personnes. Voici un exemple d'application pratique.

Étude de cas

Dans la foulée du changement intitulé « Renouvellement de la prestation de services (RPS) », la direction de la Régie des rentes du Québec a voulu mesurer l'intégration du changement, incluant l'évolution des inquiétudes et des attitudes des employés envers le RPS. Un questionnaire Web, adapté à ce type de changement, a été élaboré à cette fin. Différentes mesures ont été prises à divers moments de l'implantation du renouvellement afin de comparer l'évolution des inquiétudes durant la mise en œuvre du changement. Ce diagnostic se distingue d'autres mandats par les quatre caractéristiques suivantes :

1. Les directions concernées ont entériné la décision d'étudier les inquiétudes du personnel et ont pris en charge les résultats.

2. L'équipe d'implantation du RPS de la Régie des rentes du Québec a dès le départ distingué les enjeux liés à la gestion du changement (enjeux humains) des enjeux technologiques et de ceux liés aux processus. Ainsi, elle a accordé une grande importance à la gestion des personnes.

3. De l'avis de Louise Labelle, directrice du RPS, il est de la culture de la Régie des rentes du Québec de se doter d'éléments de mesure dans la gestion courante.

4. La responsabilité de l'analyse diagnostique des inquiétudes et attitudes des destinataires revenait à la direction des services concernés. Le résultat global était présenté à la direction du RPS à titre informatif. Les résultats appartenaient aux unités ayant décidé de participer à l'étude. Ainsi, les managers ont pu adapter leurs actions à leurs destinataires.

Cette étude a permis de valider une fois de plus le modèle des phases de préoccupations. En particulier, on a pu distinguer les phases d'anticipation des phases de mise en œuvre. En fait, l'utilisation du système a une influence sur l'évolution des inquiétudes.

Ce cas d'application de la mesure des préoccupations à l'aide d'un questionnaire fait ressortir les avantages du diagnostic pour un grand nombre de destinataires. Il mobilise les cadres en les rendant responsables de l'appropriation du changement au sein de leur équipe. Il génère une rétroaction précise et respecte la culture organisationnelle, deux conditions importantes dans l'usage de cet outil.

De même, dans une étude du Centre francophone d'informatisation des organisations (CEFRIO)[10] intitulée « Nouveaux modes de collaboration à l'ère d'Internet », la mise sur pied de communautés de pratique virtuelles a été étudiée sous l'angle des préoccupations des membres et des animateurs grâce à un tel questionnaire (Bareil, 2004b ; Bareil, Gagnon et Searle, 2004).

Le manager qui a accès à des données compilées sur les préoccupations de son équipe peut mieux les comprendre et les comparer. Il prend connaissance des principales préoccupations de son équipe et peut y répondre de façon ciblée. Il peut comparer son groupe à l'ensemble des répondants de son organisation. Cette méthodologie quantitative lui permet finalement de voir l'évolution des préoccupations de son équipe dans le temps.

Intervenir efficacement en fonction des phases de préoccupations

Selon Visinand (2003, p. 113), le supérieur immédiat est l'intervenant le plus important (parmi huit autres) dans le processus de changement, c'est-à-dire celui envers qui le destinataire a le plus d'attentes durant le processus de transformation :

> « [...] le supérieur immédiat doit impliquer les destinataires dans l'élaboration d'un plan de mise en œuvre du changement, mais il doit aussi être indulgent lors de l'évaluation de la performance, assurer un suivi des succès et des difficultés, allouer du temps au destinataire pour qu'il assimile les nouvelles habiletés et aptitudes et pour qu'il se développe en regard du changement, demander à certains d'agir à titre de coach ou d'expert, rassurer, encourager, aider et assurer un suivi, notamment lors de propositions d'amélioration du changement. Le supérieur immédiat apparaît aussi très prisé lorsqu'il s'agit d'informer les destinataires. Ainsi, il serait l'acteur le plus approprié pour les informer de leurs

nouvelles conditions de travail, de leurs rôles, de leur environnement de travail, de l'utilité du changement, des limites du mode de fonctionnement actuel ou pour simplement leur parler fréquemment du changement... Ce constat traduit bien l'importance du rôle attendu du supérieur immédiat durant tout le processus de changement. »

Chaque phase de préoccupations constitue un défi tant pour le destinataire que le manager qui l'accompagne. Un défi par phase est mentionné à l'intention du manager et une liste de comportements attendus, validés par l'étude de Visinand (2003) et jugés les plus pertinents par les destinataires pour répondre à leurs préoccupations, est suggérée dans le tableau 9. Tout manager peut s'inspirer de cette liste pour répondre de façon ciblée aux phases de préoccupations et faire en sorte que les préoccupations subséquentes se manifestent. Des actions à éviter sont également mentionnées.

TABLEAU 9

STRATÉGIES ET COMPORTEMENTS ATTENDUS DU MANAGER SELON LES PHASES DE PRÉOCCUPATIONS DES DESTINATAIRES

Phases de préoccupations	Stratégies	Comportements attendus
1. Aucune préoccupation	Déstabiliser	Démontrer comment le changement sera utile dans le travail quotidien du destinataire. Parler fréquemment du changement à venir. **À éviter** Former prématurément. Postuler que les destinataires sont prêts.

Phases de préoccupations	Stratégies	Interventions
2. Préoccupations centrées sur le destinataire	Rassurer ou tenir informé	Informer le destinataire de ses nouvelles conditions de travail (salaire, compétences, évaluation du rendement, carrière).
		Informer le destinataire des impacts du changement sur ses tâches et responsabilités.
		Discuter de son nouvel environnement de travail (lieu, réseau social).
		À éviter
		Essayer de faire comme si rien ne se passait et exiger un bon rendement.
		Éviter de parler des départs, tourner la page trop vite.
		Trop parler et ne pas écouter suffisamment.
3. Préoccupations centrées sur l'organisation	Clarifier les choix	Légitimer le changement en clarifiant les enjeux organisationnels et les raisons qui ont conduit à ce choix.
		Faire intervenir d'autres acteurs du changement crédibles, comme des membres de la direction, un directeur de projet, etc.
		À éviter
		Ne parler que des avantages du changement.
		Dire que le changement sera facile ou trop difficile.

TABLEAU 9 *(suite)*

STRATÉGIES ET COMPORTEMENTS ATTENDUS DU MANAGER SELON LES PHASES DE PRÉOCCUPATIONS DES DESTINATAIRES

Phases de préoccupations	Stratégies	Interventions
4. **Préoccupations centrées sur le changement**	Informer	Faire participer le destinataire à l'élaboration du plan de mise en œuvre du changement dans son service (échéanciers, étapes d'implantation, etc.). **À éviter** Discuter du plan avant cette phase ; auparavant, les employés sont préoccupés par ce qui va leur arriver.
5. **Préoccupations centrées sur l'expérimentation**	Apaiser le sentiment d'incompétence	Tenir compte de la période d'adaptation au changement du destinataire au moment de l'évaluation de sa performance (en faire un objectif de rendement). Allouer du temps au destinataire pour qu'il assimile les nouvelles habiletés et aptitudes que lui impose le changement. Effectuer un suivi de ses succès et de ses difficultés. **À éviter** Répéter aux destinataires qu'ils sont capables de s'adapter sans les écouter ni leur offrir un soutien particulier. Exiger des modifications rapides. Utiliser les « Il faudrait que tu… ».

Phases de préoccupations	Stratégies	Interventions
6. Préoccupations centrées sur la collaboration	Partager	Encourager le destinataire à partager les trucs qui l'ont aidé à s'adapter au changement. Lui demander d'agir comme coach auprès de ses collègues pour faciliter leur adaptation. Lui offrir la possibilité de transmettre son expertise à d'autres groupes internes. **À éviter** Considérer l'entraide comme une perte de temps.
7. Préoccupations centrées sur l'amélioration du changement	Valoriser l'expertise	Encourager le destinataire à soumettre des propositions d'amélioration du changement. **À éviter** Restreindre l'essai de nouvelles pistes d'amélioration du changement. Confier à des spécialistes le mandat de faire des améliorations.

À la suite de l'annonce du changement, le destinataire n'a pas de préoccupation, il est en phase 1. Le manager doit alors le déstabiliser pour qu'il perçoive les impacts du changement sur son travail. Il doit discuter du changement à venir, et ce, de façon répétée.

Le fait de parler du changement à toutes les réunions de gestion et en particulier de ses impacts et de ses conséquences favorise l'ouverture au changement. Le manager doit démontrer comment le changement sera utile dans le travail quotidien du destinataire. Toutefois, si le changement ne touche le destinataire que plusieurs mois plus tard, le gestionnaire doit plutôt gérer le quotidien, sans nécessairement faciliter l'émergence d'autres préoccupations trop hâtivement. Les erreurs de gestion à éviter dans la phase 1 consistent à postuler que le destinataire est prêt alors qu'il ne l'est pas et à le former trop tôt. Si le destinataire ne se préoccupe pas du changement, il retirera peu de chose de la formation.

DÉFI EN PHASE 1

Entretenir l'idée du changement ; répéter.

Au fur et à mesure que la phase 1 devient moins présente, l'employé ressent plus fortement des préoccupations individuelles, centrées sur lui-même ; il est dans la phase 2. Le gestionnaire est le mieux placé pour rassurer son employé et le tenir informé des impacts du changement sur sa situation et ses conditions de travail. Il doit le sécuriser, l'écouter et faire preuve d'empathie. La turbulence engendre souvent une période d'insécurité et d'incertitude qui doit être gérée. Dans le cas de mises à pied, il faut s'occuper autant des victimes – ceux qui partent – que des survivants, et ce, dans le respect des personnes. La façon dont l'organisation traite les départs en dit long sur l'importance qu'elle accorde à ses ressources humaines.

Pendant un certain temps, ceux qui restent ont besoin d'être réconfortés, de sentir que leur contribution est importante pour l'organisation. Le gestionnaire doit accorder du temps à ses ressources pour qu'elles traversent cette période tout en maintenant le cap sur des objectifs à court terme. Il s'agit d'une période difficile pour le manager, aux prises avec les doutes et les inquiétudes de son personnel. Il doit se garder alerte, attentif, en contrôle et proactif. L'écoute active est primordiale. Par exemple, le destinataire aimera que son supérieur laisse sa porte ouverte.

De plus, le manager doit bien gérer les « meilleures ressources humaines », celles-là plus mobiles, qui pourront avoir envie de quitter l'organisation, au contact des autres qui vivent de l'insécurité. Il peut tenter de mobiliser ses troupes en tenant une activité dont la symbolique sera de « dire adieu au passé ».

Il doit demeurer attentif aux conflits de rôles qui peuvent surgir et à la surcharge de travail de certains. Il doit éviter de faire comme si rien ne se passait et exiger le même rendement. La pression pour la productivité fait souvent en sorte que le manager tente d'ignorer les conséquences et les séquelles des départs massifs. Il doit faire preuve de patience durant cette période.

DÉFI EN PHASE 2

Parler tôt du changement en général et préciser
les impacts du changement sur les destinataires.

À la phase 3, le destinataire s'interroge sur l'impact du changement sur l'organisation, notamment sur la légitimité du changement et la capacité de l'organisation à le mener à bien. Le manager doit expliquer la pertinence du changement et proposer sa vision de ce que sera éventuellement son service. Il peut aussi faire intervenir d'autres acteurs crédibles. La direction doit démontrer son intérêt pour le changement et s'assurer que les actions seront cohérentes avec le discours. Il en est de même pour tout gestionnaire. Durant cette phase, il faut éviter de parler uniquement des avantages du changement, de minimiser ou d'exagérer l'ampleur du changement. Il faut au contraire miser sur la transparence et le réalisme.

DÉFI EN PHASE 3

Expliquer le « pourquoi » du changement
et clarifier les résultats attendus.

Le destinataire en phase 4 veut connaître la nature exacte du changement. Il veut des précisions sur le quoi, le quand et le comment. À ce moment, il est pertinent de lui présenter les détails du plan de mise en œuvre, le scénario, les cibles, le rythme du changement, les résultats attendus, les ressources déployées et le processus de consultation ou de participation des employés. Le manager peut profiter de l'occasion pour aider le destinataire à tracer son propre plan d'action concernant son adaptation au changement : le temps estimé, les étapes à franchir, ses objectifs, les résultats désirés de même que sa participation au processus de mise en œuvre. Il ne faut pas discuter du plan d'action avant cette phase, au cours de laquelle le destinataire manifeste son intention de participer au changement.

DÉFI EN PHASE 4

Impliquer les destinataires dans la mise en œuvre du changement.

À la phase 5, celle des « préoccupations centrées sur l'expérimentation », le destinataire se préoccupe de sa capacité à faire face au changement et du soutien qu'il obtiendra pour faciliter son adaptation. Il a besoin d'être rassuré quant à sa capacité de s'adapter mais aussi d'être appuyé, formé, encouragé, conseillé et écouté. Une entente sur des objectifs à court terme réalistes peut être négociée et des gestes concrets d'appréciation des efforts sont bienvenus.

Il faut accorder une attention spéciale aux manifestations de stress, d'épuisement et de dépression qui peuvent apparaître durant cette phase d'expérimentation active. La charge de travail devrait être gérée sainement, dans le respect et le bien-être des individus. Le manager doit demeurer sensible au rythme d'adaptation de chacun, avoir des objectifs acceptables et gérer activement les activités de formation par des rencontres formelles de préparation à la formation et un suivi sur l'acquisition des nouvelles compétences. Le gestionnaire peut aussi encourager l'employé à mesurer ses progrès et son efficacité au travail afin qu'il prenne conscience de l'importance de son travail. C'est souvent inutile de répéter au destinataire qu'il est capable de s'adapter, qu'il est un adulte et qu'il doit savoir quoi faire. Cela le démobilise. Au contraire, il vaut mieux lui offrir un soutien particulier, en répondant à ses besoins. Il faut que le gestionnaire se montre patient et évite d'exiger des modifications rapides. Chacun a son rythme.

DÉFIS EN PHASE 5

Offrir la formation seulement lorsque les destinataires
ont des préoccupations de phase 5 ; gérer le transfert
des apprentissages et résoudre les problèmes.

Lorsque la phase 5 est franchie, la majorité des destinataires s'habituent à leur nouvelle routine. Pour eux, le changement est terminé. Le manager doit alors considérer que le changement s'est vraiment actualisé et que les destinataires se le sont approprié. Il peut faire le bilan de ce que son groupe a appris dans cette expérience et mesurer les résultats obtenus. Assurément, quelques destinataires continueront à manifester certaines préoccupations. Le gestionnaire doit savoir canaliser cette énergie positivement.

À la phase 6, les préoccupations centrées sur la collaboration surgissent. Les destinataires ont envie de discuter avec des collègues d'autres unités ou divisions des expériences et des façons de faire. Le manager peut maximiser cette énergie nouvelle en tenant des sessions de partage d'expériences, en favorisant le coaching ou en procédant à des échanges de personnel entre les services. Les employés en phase 6 peuvent devenir d'excellents formateurs internes s'ils possèdent les habiletés nécessaires. Il faut donc éviter de considérer l'entraide comme une perte de temps mais bien profiter de cette coopération pour favoriser le déploiement du changement dans toute l'organisation.

DÉFI EN PHASE 6

Accorder du temps au transfert d'expertise.

Lorsque se manifestent les préoccupations de phase 7, celles centrées sur l'amélioration continue du changement, le destinataire cherche à trouver de nouveaux défis et de nouvelles façons d'améliorer ce qui est en place. Le manager peut l'inciter à expérimenter ses idées nouvelles et à créer un réseau d'experts avec qui il pourrait échanger de l'information, soit à l'intérieur ou à l'extérieur de l'organisation. Le destinataire peut être appelé à constituer ou à faire partie d'une communauté de pratique virtuelle[11]. L'erreur à cette phase serait de le restreindre à ses tâches habituelles ou de confier les améliorations possibles à des spécialistes.

DÉFI EN PHASE 7

Impliquer les destinataires dans l'essai de leurs pistes d'amélioration, avant qu'ils les généralisent à d'autres.

Tout au long de la mise en œuvre du changement, ces interventions soutenues sont indispensables au succès de la démarche. Le supérieur immédiat demeure l'acteur principal pour faciliter l'appropriation du changement chez le destinataire, et ce, à toutes les phases de préoccupations.

À titre d'agent de changement apprécié, le manager doit se souvenir que son rôle consiste à **répondre aux préoccupations** des destinataires et à relever les défis de chacune des phases de préoccupations.

Il est à noter que le manager vivra les mêmes phases de préoccupations que les destinataires. Il devra les vivre **avant** ses employés, s'il veut bien gérer les préoccupations de ces derniers au fur et à mesure qu'elles apparaîtront.

Selon nos recherches, le manager vit les préoccupations en double. Il a les mêmes préoccupations que tout destinataire et en a d'autres liées à son rôle de gestion. Par exemple :

• il est préoccupé par les réactions de son personnel (résistance, comportements) ;

• il est préoccupé par la gestion du changement et la bonne mise en place du projet ;

• il est préoccupé par le maintien de l'efficacité de son unité ou du service à la clientèle ;

• il est préoccupé par la mobilisation incertaine de son équipe ;

• il est préoccupé par les délais à l'intérieur desquels le changement doit se déployer.

Le manager doit gérer ses propres préoccupations s'il veut aider ses employés à gérer les leurs.

À cet effet, Sylvie Charbonneau, associée chez AGTI Services Conseils Inc. et chargée de cours à HEC Montréal souligne :

> « La gestion du changement qu'un manager doit faire, c'est d'abord la sienne ! En tant que gestionnaire, il est un agent de changement mais il vit aussi des préoccupations dans le projet

et il prépare des changements qui vont possiblement affecter son emploi de demain. Il doit donc gérer ses propres réactions à l'égard de ces changements et devenir un modèle à la fois dans ses façons d'être et dans sa compréhension des autres. »

Assez fréquemment, les gestionnaires vivent plus de préoccupations que leurs employés et elles sont plus intenses. La direction doit donc les aider. Malheureusement, dans la pratique, ce sont souvent eux qui sont les plus négligés dans le processus de changement.

Le modèle du champ de forces

Je vous propose le modèle du champ de forces, initialement développé par K. Lewin[12] et que j'ai adapté pour l'intervention en situation de changement. Sylvie, la chef de service que nous avons suivie précédemment, a utilisé la question gagnante et le modèle des phases de préoccupations au cours de ses réunions avec ses sous-groupes. Dans ses réunions avec ses employés, elle aurait également pu utiliser en complément le modèle du champ de forces.

Le manager peut utiliser le champ de forces pour mieux entrevoir les interventions à mener. Il peut également l'utiliser avec son équipe afin de canaliser les énergies et de responsabiliser tout le monde par rapport au changement. Ce modèle postule que les situations sociales sont dynamiques et que des forces interagissent constamment.

Les cinq principales étapes du modèle du champ de forces sont les suivantes :

1. D'où part-on ?

2. Où va-t-on ?

3. Quelles sont les forces restrictives ?

4. Quelles sont les forces propulsives ?

5. Quel est notre plan d'action ?

La première étape consiste à faire le portrait de la situation actuelle, tandis que la deuxième vise à clarifier la situation attendue, c'est-à-dire le changement. Ces deux constats sont importants, car ils permettent de clarifier l'écart entre les deux situations, d'apprécier le chemin à parcourir et de faire état de la situation de départ comparativement au changement souhaité. Les troisième et quatrième étapes consistent à dresser la liste des forces qui freinent et qui favorisent le changement, tout en évaluant leur importance et les éléments que le groupe, incluant le manager, maîtrise ou ne maîtrise pas.

Le bilan des obstacles (forces restrictives qui maintiennent le *statu quo*) et des éléments facilitant le changement (forces propulsives) étant fait, le manager peut les considérer dans la démarche de changement. Un manager qui discute avec son groupe des forces restrictives du changement se montre ouvert à écouter les difficultés qu'éprouvent ses employés et il démarre un processus de communication, si important en période de changement. De plus, il se donne un accès privilégié aux rumeurs et aux réponses cognitives de son groupe.

Puis, la cinquième étape consiste à mener des interventions gagnantes. Selon Lewin, la stratégie à privilégier serait celle qui affaiblit les forces restrictives, en particulier celles que le groupe peut maîtriser. On travaillera d'abord à affaiblir une force importante. Puis, d'autres forces restrictives seront contrées, jusqu'à ce que les forces propulsives puissent émerger naturellement.

Le manager a tout intérêt à impliquer son personnel dans les solutions envisagées et à responsabiliser son équipe dans la recherche de solutions pour réduire les forces restrictives.

Cet exercice peut s'effectuer en plusieurs rencontres de groupe. Une première rencontre peut traiter des étapes 1 et 2. Une autre pourrait aborder les forces restrictives et propulsives (étapes 3 et 4), tandis qu'une dernière rencontre pourrait servir à l'élaboration du plan d'action (étape 5). Il est important que le manager fasse un suivi occasionnel des forces restrictives qui peuvent évoluer, tout comme les préoccupations.

Les 10 rôles du manager en période de changement

Les cadres intermédiaires sont là pour rester ! Leur rôle dans le processus de gestion, appelé *middle-up-down* par Takeuchi et Nonaka (2004, p.13) et Nonaka et Takeuchi (1995, p. 233), est essentiel : en effet, ce sont eux qui connaissent le mieux leur équipe et uniquement eux qui peuvent servir de relais avec la direction. En période de changement, le cadre intermédiaire devient un agent de changement facilitateur. Je distingue 10 rôles, d'ordre stratégique, fonctionnel ou opératoire, qui incombent au manager en situation de changement organisationnel.

TABLEAU 10

LES 10 RÔLES DU MANAGER

STRATÉGIQUE	FONCTIONNEL	OPÉRATOIRE
1. Négociateur	2. Évaluateur	6. Leader
	3. Intervenant	7. Coach
	4. Agent de liaison	8. Motivateur
	5. Médiateur	9. Distributeur de ressources
		10. Informateur cohérent

Les relations du manager avec la direction, à qui il doit fournir les résultats, font partie du rôle stratégique. Les relations du manager avec les services et les unités sont inhérentes au rôle fonctionnel. La relation directe du manager avec ses employés relève finalement du rôle opératoire.

1. Le rôle stratégique de négociateur

Le manager joue son rôle stratégique quand il négocie, avec son supérieur immédiat, les ressources indispensables à l'appropriation du changement par ses employés. Il doit faire connaître sa position envers le changement avant de l'implanter. Il peut dans certains cas demander à être convaincu du bien-fondé du changement.

Le manager joue ce rôle de négociateur lorsqu'il jumelle les impacts du changement sur ses employés avec leur capacité à s'adapter au changement. Il est alors en mesure de juger du délai qui lui est suggéré ou imposé et des ressources humaines, financières, informationnelles, temporelles, techniques ou technologiques qui lui sont accordées.

Le manager et son supérieur doivent s'entendre sur les objectifs et les rôles attendus de part et d'autre. Prenons l'exemple d'un cadre au style participatif et d'un supérieur autoritaire. Le cadre peut tenir pour acquis que son supérieur veut être au fait des progrès et des difficultés des destinataires, alors que le supérieur s'attend au contraire à ce qu'il règle tout lui-même, sans lui en parler.

Cette première négociation à double sens comporte en somme les défis suivants : être convaincu du bien-fondé du changement, accepter le but et les objectifs visés par le changement, clarifier les attentes réciproques et négocier le délai et les ressources.

2. Le rôle fonctionnel d'évaluateur

Le gestionnaire exerce un rôle **d'évaluateur** lorsqu'il évalue les impacts du changement sur son groupe d'employés et sur lui-même. Pour ce faire, il peut utiliser l'inventaire de ce que le changement remet en cause (voir chapitre 2). Ce diagnostic d'avant-changement lui permet d'obtenir un portrait beaucoup plus réaliste des conséquences diverses du changement sur son unité de travail. Il doit, s'il y a lieu, recueillir de l'information auprès de collègues, de l'équipe de projet, de son supérieur, afin de parfaire son diagnostic. Par la suite, il est en mesure de rédiger un plan d'action adapté aux besoins.

C'est aussi le rôle du gestionnaire de faire connaître à l'organisation ses nouveaux besoins et exigences qui peuvent entraîner une révision des processus.

3. Le rôle fonctionnel d'intervenant

Le rôle d'intervenant est associé à celui d'évaluateur. Lorsque le diagnostic est posé, le manager a tout intérêt à passer à l'action, à proposer et à mener différentes interventions qui aideront son unité à mieux vivre le changement. Ses interventions peuvent être dirigées vers d'autres unités. C'est le cas s'il demande au service des ressources humaines de réviser la description de tâches d'un poste, les critères d'embauche ou l'échelle de rémunération, mise à jour devenue nécessaire à la suite du changement.

4. Le rôle fonctionnel d'agent de liaison

Puisque le changement a lieu au sein d'une organisation qui, par définition, est systémique, le moindre changement dans une unité risque fortement d'avoir des répercussions dans d'autres unités. Le manager devient agent de liaison lorsqu'il se crée des alliés et rallie des collègues à la cause commune du changement. Avec d'autres gestionnaires, il peut former des groupes de travail ou une communauté de pratique à différentes fins : se soutenir dans le changement, échanger les idées, développer de meilleures pratiques de gestion du changement en fonction de la culture de l'établissement ou de différentes organisations. Les managers doivent se montrer solidaires dans le changement et éviter l'isolement qui les caractérise trop souvent. Non seulement ils doivent rallier leurs collègues plus hésitants mais aussi devancer les employés et faire, quand besoin est, front commun auprès de la direction pour négocier de nouvelles ententes en réponse à leurs besoins.

5. Le rôle fonctionnel de médiateur

La période de changement engendre un certain nombre de conflits et de problématiques humaines à résoudre. Le manager agit comme **médiateur** lorsqu'il aide ses collègues ou ses employés à résoudre leurs conflits. Il doit savoir dénouer les impasses et faire en sorte que les nouvelles situations soient clarifiées. Comme le dit si bien Francine Roy, « gérer, c'est créer la clarté ». Le gestionnaire doit déceler les irritants qu'entraîne le changement et agir en conséquence afin de clarifier les situations ambiguës avant qu'elles dégénèrent.

6. Le rôle opératoire de leader

Le manager exerce son rôle de leader lorsqu'il incite les membres de son équipe à le suivre dans le changement. Le leader sait guider son équipe en traduisant la vision organisationnelle en une vision imagée et stimulante, motivante quant à l'avenir de l'unité à l'issue du changement. Il fixe à son équipe des buts mobilisateurs. Il la stimule par des exemples, des illustrations et des écrits au sujet du changement.

7. Le rôle opératoire de coach

« On ne peut pas diriger les individus, on peut seulement les inviter à réfléchir », affirment Maturana et Varela (dans Duhamel, 2003 p. 26). Le manager exerce un rôle de coach auprès du destinataire lorsqu'il le soutient (formation, mentorat, livres, experts, encouragements, outils) tout en respectant son rythme et en acceptant que, parfois, une personne puisse être incapable de changer. Dans ce cas, il explore avec elle différentes solutions.

C'est en jouant le rôle de coach que le manager évalue de façon ponctuelle les préoccupations de ses employés durant la période de déploiement du changement, en fonction du modèle dynamique des phases de préoccupations. Cette évaluation lui permet d'intervenir de façon ciblée auprès du destinataire. Le manager répond à temps aux besoins de son équipe et gère avec perspicacité et diplomatie les employés ayant des difficultés à s'adapter. Coacher et aider impliquent une conversation qui vise à susciter une réflexion chez le destinataire et à le soutenir dans son processus d'appropriation du changement (Duhamel, 2003, p. 60).

8. *Le rôle opératoire de motivateur*
Afin de permettre au destinataire de fournir tous les efforts pour s'approprier le changement, le manager joue également un rôle de **motivateur.** Il fixe des objectifs à court terme, motivants mais atteignables, mesure les résultats et, surtout, reconnaît les efforts fournis. La reconnaissance est en général assez peu répandue dans nos organisations modernes nord-américaines.

En période de changement, un bon manager sait bien doser les marques de reconnaissance individuelle et collective afin de maintenir le niveau d'efforts et d'adaptation de son équipe. Il est bien entendu qu'avant d'exiger de ses employés de changer leurs comportements et routines, le manager doit lui-même s'approprier le changement. Le motivateur découpe le changement en petites étapes faciles à réussir, tout en gardant le cap sur le résultat à atteindre.

9. Le rôle opératoire de distributeur de ressources

Un changement ne s'effectue pas sans ressources temporelles, financières, informationnelles et humaines. Le manager a un rôle de **distributeur de ressources**. Une fois les ressources négociées (rôle stratégique de négociateur), il doit les distribuer, selon les besoins. De nouvelles ressources peuvent être utilisées pendant un certain temps pour répondre à la surcharge de travail qu'entraîne le changement.

10. Le rôle opératoire d'informateur cohérent

Assurer la cohérence entre le discours et l'action, tel est le rôle du manager à titre d'informateur cohérent. En période de changement, les employés sont agacés par le manque de cohérence entre ce qu'on leur dit et ce qui est fait. Plusieurs repères habituels disparaissent. S'il veut conserver sa crédibilité, le manager doit faire en sorte que ses décisions soient conformes aux messages émis par rapport au changement.

Un proverbe bien québécois résume l'idée du rôle de l'informateur cohérent : « Il faut que les bottines suivent les babines ! » D'ailleurs, le manager assume l'important rôle d'informer son équipe au sujet du changement, non seulement au début du processus mais **tout au long de la période d'implantation.**

Le manager doit jouer ces 10 rôles durant une période généralement assez longue, pouvant aller de 12 à 30 mois dans le cas de transformations organisationnelles. Il doit garder le cap, se garder motivé et rester en bonne santé psychologique et physique. Une bonne connaissance de ses limites de même qu'une révision de ses priorités, de sa charge de travail, de ses attentes et de celles de son patron sont essentielles à sa gestion efficace du changement. Savoir gérer son stress est également requis.

Le manager doit planifier du temps pour se ressourcer, faire le plein d'énergie et s'offrir des récompenses. Ces habiletés de gestion sont souvent mises à profit, mais elles le sont davantage en période de changement majeur.

Puisque les managers ont souvent la perception de déjà travailler à 110 % de leurs capacités même en situation d'activités quotidiennes, un de leurs défis consiste à intégrer la gestion du changement dans leurs activités courantes. Seules des révisions de priorités, une délégation de tâches ou de nouvelles ressources parviendront à lui dégager suffisamment de temps à accorder aux destinataires du changement. Selon certaines études, la gestion du changement, à elle seule, peut occuper 30 % du temps du manager et beaucoup plus encore lors des premières semaines d'implantation.

La gestion des cas difficiles

Le manager doit souvent passer beaucoup de temps à gérer les cas difficiles dans son équipe. Je lui conseille toutefois de passer plus de temps à gérer la majorité des destinataires, ceux dont les phases de préoccupations évoluent bien, qu'à gérer les destinataires « minoritaires », ceux dont les préoccupations stagnent. Le changement s'effectue par contamination ; il importe donc de gérer la majorité des destinataires de façon adéquate.

Les cas difficiles peuvent être variés : les destinataires qui approchent de leur retraite et qui ne veulent pas changer, les pessimistes, les « on a déjà vu ça », ceux qui sont incapables de changer et ceux qui disent oui mais qui n'en font qu'à leur tête. Il y a aussi les réfractaires, les « suiveux », ceux que le changement effraie, les indifférents et plusieurs autres.

Les règles générales à suivre pour ces cas difficiles sont les suivantes :

- Bien préparer la rencontre individuelle.

- Faire de l'observation systématique pour avoir des arguments, des faits solides, des exemples de comportements déviants.

- Écouter la personne et essayer de comprendre les causes de son comportement.

- Vérifier s'il s'agit d'un manque de volonté, de capacités, de temps ou de ressources.

- Donner des exemples précis à la personne qui nie.

- Lui offrir de l'aide et du soutien (formation, mentorat, coaching, documentation, temps, etc.).

- Trouver des avantages qui l'inciteront à changer et à développer de nouvelles compétences.

- La faire participer à la recherche de solutions acceptables.

- Lui faire comprendre les conséquences de son comportement sur ses collègues, sur son unité, sur les autres unités et sur vous.

- Trouver une solution, établir un plan d'action et assurer un suivi.

- Si la personne ne veut toujours pas participer, lui indiquer claire-ment que son comportement n'est plus acceptable, qu'un nouveau comportement doit être manifesté et que les attentes de rendement doivent être satisfaites.

- Après plusieurs rencontres infructueuses, prendre les mesures disci-plinaires qui s'imposent.

- Mettre la personne devant les choix qui s'imposent.

- Assurer un suivi adéquat et dresser un bilan de toutes les rencontres.

D'autres avenues consistent à venir en aide à ces personnes par du coaching individualisé, une réorientation de carrière ou par une analyse minutieuse de leur potentiel, pouvant être menée par un psychologue du travail. Tout dépendra de la valeur de leur contribution et de leurs talents aux besoins organisationnels.

Les employés à problèmes, dont l'organisation a trop souvent toléré les écarts de conduite, refont surface en période de changement parce que leurs comportements deviennent plus visibles. Il faut donc les gérer adéquatement tout en évitant de passer le cas problème à d'autres dans l'organisation.

Conclusion

Le manager tient un rôle important auprès de ses employés, plus encore en période de changement. En fait, le manager qui a du succès dans sa conduite du changement accorde beaucoup plus d'importance au vécu des destinataires que les autres. Ainsi :

- au lieu d'essayer de convaincre le destinataire du bien-fondé du changement, il prend le temps d'écouter ses préoccupations ;

- au lieu de le sensibiliser au changement, il cherche des signes et des gestes concrets qui soulignent l'arrivée du changement ;

- au lieu de le juger, il tente plutôt de comprendre ses préoccupations et de créer des conditions facilitantes ;

- au lieu d'imposer son plan d'action, il invite le destinataire à créer un plan souple et adapté en fonction de son rythme d'adaptation ;

- au lieu de considérer les remarques ou les difficultés comme des marques de résistance au changement, il les perçoit comme des zones d'inconfort ;

- au lieu de se considérer le seul agent de changement, il s'entoure d'autres acteurs qui facilitent sa tâche ;

- au lieu d'imposer le changement, il mise sur une interaction continue entre lui, le destinataire et son équipe.

NOTES

[1]   Voir Burke, Spencer, Clark et Coruzzi (1991) ; Siegal et Church (1996).

[2]   Hall, Newlove, George, Rutherford et Hord (1991) ont aussi traité ce sujet.

[3]   Séminaire intitulé « Dans la turbulence du changement, comprendre et agir efficacement auprès de ses employés » offert au Centre de perfectionnement à HEC Montréal. J'aimerais remercier tout particulièrement mesdames Élaine Pellerin et Lucie Dubois du CPHEC pour leur excellente collaboration à la diffusion de ce séminaire que j'anime.

[4]   La question gagnante est également suggérée par Duhamel (2003 : « La santé et la famille ») dans une démarche dans le domaine de la santé, plus particulièrement pour les entrevues familiales que tiennent les infirmières auprès des familles d'enfants malades. Parmi les questions suggérées pour les entrevues avec la famille, la première série regroupe des questions sur les préoccupations et les inquiétudes des familles. Duhamel indique que l'infirmière peut poser ces questions sans craindre de ne pouvoir composer avec la réponse, puisque le fait d'en parler est une source de grand réconfort.

[5]   Morin (1996, p. 107) retient trois questions : « Il faut s'interroger constamment : Qu'est-ce qu'il essaie de me dire ? Qu'est-ce que cela signifie pour lui ? Comment perçoit-il la situation ? »

[6]   Rogers (1980) indique que l'apprentissage de l'empathie exige une personnalité confiante. La personne se sent suffisamment en sécurité, stable, pour être capable d'accepter des points de vue différents du sien et d'essayer de comprendre l'autre dans son expérience subjective de la situation. Rogers indique également que la relation humaine exige de l'authenticité et que l'expérience soit vécue ici et maintenant.

[7]   Pour en connaître davantage sur le climat de travail (ses déterminants, constituantes et résultantes), consulter Brunet et Savoie (1999).

[8]   Pour plus d'information concernant ces techniques, consulter Boutin (1997), Lescarbeau (1994) ou Morin (1996).

[9] Les préoccupations sont indiquées dans le questionnaire et le répondant n'a qu'à inscrire le degré d'intensité de la préoccupation. Le questionnaire est issu des résultats d'études qualitatives au sujet d'un certain nombre de changements. Il doit toutefois être adapté à chaque occasion au type de changement mis en œuvre. Un certain nombre de préoccupations est retenu pour mesurer toutes les phases de préoccupations. L'échelle de mesure évalue l'intensité de la préoccupation.

[10] Je tiens à remercier le CEFRIO pour son soutien dans cette étude.

[11] Pour plus d'information concernant les communautés de pratique virtuelles, consulter Jacob, Bareil, Bourhis, Dubé et Tremblay (2003) ; Wenger, McDermott et Snyder (2002) ou Bareil (2004b).

[12] Ce modèle est expliqué dans « Les frontières dans la dynamique des groupes » (Lewin, 1952, 1967) et dans Morin (1996, p. 374-398).

7 > Les acteurs de soutien auprès du destinataire

On l'a vu au chapitre précédent, le gestionnaire joue un rôle indispensable auprès du destinataire. Malheureusement, il se sent souvent isolé et seul avec la lourde tâche d'aider les destinataires à s'approprier le changement. Pourtant, il ne devrait pas être seul si on se fie au postulat 6 (chapitre 5) : « Faciliter le changement est avant tout un effort d'équipe parce que le changement est l'affaire de plusieurs acteurs organisationnels. »

Dans ce chapitre, le rôle de plusieurs autres acteurs est abordé : celui du consultant, du professionnel des ressources humaines, du formateur, de l'équipe de gestion du changement, des équipes de projet et du directeur de projet.

La gestion d'un changement important, au sein d'une petite, moyenne ou grande organisation, nécessite l'adhésion et l'appui de plusieurs acteurs qui incarnent dans l'action les buts poursuivis par le changement. Ils « infiltrent le changement par un processus de contamination du système organisationnel », comme le rapporte

Rondeau (2002, p. 106). Ces masses critiques d'individus permettent au changement de se réaliser tant dans les systèmes de gestion et les activités que dans les habitudes des acteurs clés, les destinataires du changement.

Le consultant en gestion

Le consultant en gestion viendra temporairement aider le manager ou le décideur dans la gestion du changement. Il accompagnera son client durant toute la mise en œuvre du changement. Il l'aidera à créer des conditions gagnantes, à anticiper certains problèmes et à les résoudre. On dit de lui qu'il est un spécialiste du processus plutôt qu'un expert de contenu (Lescarbeau, Payette et St-Arnaud, 2003). Il peut jouer plusieurs rôles[1] : agent de rétroaction, aidant, analyste, animateur, coach du manager, conseiller, formateur et médiateur.

Un consultant est efficace dans la mesure où il s'assure d'une gestion rigoureuse du processus de changement et où il entretient une relation de qualité avec son client. Pour ce faire, il adapte son intervention au système dans lequel il intervient. Rigueur, expertise, efforts, relations interpersonnelles de qualité et cohérence sont de mise.

Tout gestionnaire faisant appel à un consultant doit pouvoir clarifier les rôles – le sien et celui du consultant – et ne pas tomber dans le piège du consultant, dont Francine Roy, psychologue du travail et des organisations à la Société Pierre Boucher, nous parle :

> « Chacun a sa responsabilité. Dans le cadre d'une démarche de transformation organisationnelle, il arrive que le manager ne sache pas ce qui lui appartient ou alors, sa responsabilité ne l'enchante pas (crainte de l'échec, peur de perdre la face, projet perdant dès le départ, faible sentiment de compétence). Il va alors essayer de la refiler au consultant. Le consultant se retrouvera avec la responsabilité de l'échec ou n'aura pas de

reconnaissance si la démarche connaît du succès (surtout pas à la mesure des efforts qu'il aura mis). Et surtout, il n'aura pas pu prendre la responsabilité de la démarche avec efficacité, puisqu'il aura éparpillé ses énergies dans un travail de gestion.

Le consultant est d'abord et avant tout responsable du soutien au gestionnaire dans la gestion du changement et l'atteinte de ses objectifs. Le consultant n'est pas responsable du gestionnaire, pas plus que le médecin ne l'est du patient qui meurt, à moins qu'il n'ait pas respecté le protocole. Ce piège est d'autant plus réel lorsque le conseiller est à l'interne. Il est plus redoutable pour le consultant externe à qui on ne fournit pas toute l'information pertinente. »

Le manager doit apprendre à gérer le consultant, tout comme il doit gérer son équipe. Il doit prendre ses responsabilités de gestion. Le consultant l'accompagne dans la démarche sans se substituer à lui.

Envers le consultant, les destinataires entretiennent des attentes élevées[2]. Par exemple, ils s'attendent à ce que le consultant externe :

- démontre les avantages et les inconvénients du changement (phase 3) ;

- organise, en collaboration avec le gestionnaire, des rencontres portant sur le changement au cours desquelles le destinataire pourra poser des questions (phase 4) ;

- offre des sessions de formation sur la gestion du changement au cours desquelles il transmettra des connaissances très spécifiques à l'égard du changement (phase 5) ;

- aide l'organisation à créer des réseaux internes pour canaliser les idées (phase 6) ;

- fournisse des propositions d'amélioration du changement (phase 7).

Le consultant doit donc se montrer actif tant auprès du manager qu'auprès des destinataires du changement.

Le professionnel des ressources humaines

Le manager peut aussi compter sur son professionnel des ressources humaines. Celui-ci joue plusieurs rôles[3] dans une situation de changement : il est à la fois un catalyseur, un *sponsor*, un facilitateur, un designer et un démonstrateur, dans le sens où il oriente les activités sur le diagnostic des problématiques vécues en milieu de travail, sur l'établissement d'une relation de confiance entre les membres de l'organisation, sur l'adoption de solutions comblant les lacunes et sur la préparation de plans d'action.

Ce rôle stratégique joué par les professionnels des ressources humaines doit être encouragé. Il est déplorable que ces professionnels soient encore trop peu reconnus à titre de partenaires stratégiques alors qu'ils sont de bons communicateurs, qu'ils sont crédibles en ce qui concerne le changement et qu'ils encouragent la participation des destinataires dans le déploiement d'un changement. Un bel exemple du rôle joué par les professionnels des ressources humaines est celui du centre hospitalier Pierre-Le Gardeur.

LE RÔLE DES PROFESSIONNELS DES RESSOURCES HUMAINES AU CENTRE HOSPITALIER PIERRE-LE GARDEUR

Des représentantes du secteur développement organisationnel et formation de la direction des ressources humaines (dont Michèle Côté) ont parrainé le projet d'étude sur les préoccupations des employés et des médecins conjointement avec le directeur des services professionnels et hospitaliers, le Dr Jacques Ricard. Que le projet soit parrainé conjointement par des membres de ces deux directions a grandement contribué à son succès et a donné aux spécialistes des ressources humaines l'étiquette de stratèges. Le rôle de cette équipe a été :

• de bien camper les changements majeurs à mesurer dans un contexte de changements multiples et simultanés ;

• de participer à l'adaptation du questionnaire au milieu organisationnel ;

• de s'assurer d'un échantillonnage représentatif (dans un contexte où les catégories d'emploi sont nombreuses) ;

• de développer une stratégie de déploiement favorisant une participation maximale malgré le caractère volontaire, la complexité (quarts de travail, disponibilité des ordinateurs, remplacement du personnel indispensable), la surcharge de travail attribuables à l'implantation des changements eux-mêmes ;

• d'assurer les conditions de succès.

Les professionnels des ressources humaines accompagnés d'un responsable des opérations sont ainsi intervenus non seulement dans le diagnostic des préoccupations mais également dans la gestion du changement.

Les interventions que les destinataires jugent les plus pertinentes de la part des professionnels des ressources humaines[4] sont :

- la précision de critères de sélection des « survivants » dans le cas où l'organisation doit procéder à des licenciements (phase 2) ;

- la tenue de rencontres au cours desquelles les destinataires peuvent poser des questions sur le changement (phase 4) ;

- la diffusion d'information (journal d'entreprise, intranet, babillards) consacrée exclusivement au changement et à sa mise en œuvre (phase 4) ;

- la tenue de sessions de formation portant sur le changement (phase 5) ;

- l'aide apportée aux destinataires pour l'établissement de plans d'action facilitant leur adaptation (phase 5) ;

- le regroupement des employés soucieux de partager leurs apprentissages à propos du changement (phase 6) ;

- la constitution de réseaux d'experts pour canaliser les idées et fournir des propositions d'amélioration du changement (phase 7).

Ces interventions font clairement ressortir que les fonctions du professionnel des ressources humaines ne se limitent pas au mouvement de personnel ou aux questions liées aux emplois, aux postes, aux conditions de travail ou à la formation. Son nouveau rôle est aussi stratégique vu qu'il accompagne la direction dans la mise en œuvre du changement auprès des employés. Ce rôle inclut des activités liées aux communications, à la réorganisation du travail et aux activités de facilitation, de mesure et de suivi des processus d'appropriation du changement. De plus, le professionnel des ressources humaines accompagne le manager dans sa gestion du changement : coaching, préparation des rencontres, reconnaissance et intégration d'indicateurs d'appropriation du changement dans les mesures d'évaluation de la performance.

Le formateur interne

Le formateur interne constitue un agent de changement puissant, car il a de influence sur les personnes formées. Il sert souvent de modèle. En plus des formateurs techniques et des professionnels de la formation qui travaillent à temps complet dans les organisations, on retrouve de plus en plus fréquemment, surtout pour des changements technologiques à grand déploiement, des formateurs internes nommés « super-utilisateurs » dont le rôle est temporaire.

Ces super-utilisateurs sont des employés qui n'ont pas de formation préalable en pédagogie, mais à qui on demande de devenir des formateurs en période de changement. Ils sont généralement choisis parce qu'ils ont de l'expertise et de la crédibilité dans leur secteur, de même qu'un talent de communicateur. Ils doivent rapidement acquérir de nouvelles compétences de formateur : maîtrise du contenu, animation, formation, utilisation de techniques andragogiques et contrôle de groupe. En fait, ils sont plus formés que les autres et possèdent une longueur d'avance par rapport aux usagers.

Les super-utilisateurs sont plus préoccupés que les autres groupes par leur nouveau rôle et ses ambiguïtés, par la qualité de l'implantation, par la compréhension fine du système, par leur capacité à former les autres, par leur collaboration avec les autres utilisateurs ou unités et, finalement, par l'optimisation des avantages du système.

Les super-utilisateurs sont donc des acteurs privilégiés et des ambassadeurs du changement incontournables. Ils sont utiles aux destinataires, car ils développent leurs compétences à l'aide d'exemples pratiques, tirés du quotidien ; ils sont là pour les aider « sur le tas » et sur-le-champ (phase 5).

Toutefois, il faut que l'organisation prévoie leur réintégration dans leurs fonctions ou, mieux encore, la création de postes de maintien du changement. Après la frénésie du déploiement du changement, les super-utilisateurs ont besoin d'une période d'accalmie ou, au contraire, désirent relever d'autres défis. Certains profiteront de l'occasion pour réorienter leur carrière, se spécialiser en formation ou en gestion de projet ou retrouver un certain équilibre de vie.

Le défi du gestionnaire est de se passer temporairement de ses meilleurs éléments qui agiront comme super utilisateurs. Ils développeront de nouvelles compétences transférables qui seront sans aucun doute fort utiles à l'organisation.

L'équipe de gestion du changement

Selon Sylvie Charbonneau, consultante et chargée de cours, « l'équipe de gestion du changement est indispensable à tout changement d'envergure. Cette équipe se consacre principalement à l'analyse des impacts organisationnels, à la préparation des plans de transition avec les gestionnaires et à l'accompagnement des managers ». Cette équipe facilite la démarche de changement et fait en sorte que les destinataires s'approprient le changement efficacement et s'y adaptent rapidement. Généralement, elle est aussi responsable des dimensions « humaines et organisationnelles » du changement et assume des rôles variés, dont ceux associés aux communications, à la formation, à la mesure et à l'évaluation et, finalement, à l'intégration du changement dans les sous-systèmes de l'organisation. Dans une très grande organisation, cette équipe peut même être divisée en quatre sous-équipes, chacune ayant un mandat distinct.

L'équipe des communications

L'équipe des communications est loin d'être inutile. Son rôle consiste à informer les employés, destinataires ou non, au sujet de l'implantation du changement et à recueillir leurs commentaires.

Trois types de communications sont à prévoir[5] : la communication planifiée, la communication émergente et la communication interactive.

La **communication planifiée** est préparée à l'intention des employés par les spécialistes en communication internes ou externes. Elle est souvent présentée comme un outil d'explication et de persuasion pour faire comprendre le changement, le faire accepter et provoquer l'adhésion des destinataires à sa mise en œuvre. Le point de vue qu'elle véhicule est celui de la direction.

Voici trois points à considérer dans la stratégie de communication planifiée :

1. Les messages sont importants, surtout au début du processus du changement, car ils contribuent à réduire le stress des employés.

2. Le moment de diffusion est crucial.

3. Les messages doivent être adaptés aux différents groupes de destinataires parce qu'ils ne réagissent pas tous au changement de la même manière, au même moment.

La **communication émergente** se présente comme la quête d'information que font les employés quand ils cherchent à comprendre ce qui se passe et à générer collectivement une interprétation de la situation ou un cadre de référence. Le point de vue considéré est celui des employés. Les destinataires se tournent vers leur manager pour en apprendre davantage sur le changement et font appel à leurs réseaux internes et externes pour obtenir l'information manquante.

Il est important de se rappeler que :

• les employés sont créatifs dans leur compréhension du changement ;

• leur perception du changement évolue au fil du temps et de l'information qu'ils obtiennent ;

• les employés veulent comprendre mais aussi préserver le volet social qui peut être malmené en période de changement.

Il s'agit de **communication interactive** quand les parties construisent ensemble le changement. Le point de vue considéré est celui de l'intervenant qui aborde l'organisation dans une perspective de développement organisationnel humaniste ou démocratique. Cela peut aller de l'information à la consultation, jusqu'à la cogestion et à l'autogestion.

Il est possible de planifier les différentes étapes de la communication en fonction des phases de préoccupations. Ainsi, les communications sont bien ciblées. Et même si elles émanent d'une équipe, les communications doivent être **reprises par le manager**, qui a la responsabilité de communiquer avec ses employés.

L'équipe de la formation

La **formation** et le **développement** du savoir, du savoir-faire et du savoir-être sont souvent les principales responsabilités de l'équipe de gestion du changement. Les changements d'envergure remettent souvent en cause les connaissances et les compétences. Des programmes de formation, des séances de perfectionnement et des plans de sensibilisation au changement, qui expliquent en détail les changements et leurs impacts, sont nécessaires pour créer l'ouverture nécessaire à l'apprentissage, surtout lorsque le nombre de personnes à former est imposant.

Le rôle de l'équipe vouée à la formation est donc de diagnostiquer les besoins de formation des différents groupes de destinataires, de concevoir des programmes de formation sur mesure, puis de sélectionner et de préparer les formateurs internes. Cette tâche est gigantesque lorsque, par exemple, il faut former près de 3 000 usagers, préparer 110 formateurs internes et concevoir plus de 150 manuels de formation, comme ce fut le cas chez Pratt & Whitney qui a implanté le système ERP (Tchokogué, Bareil et Duguay, sous presse). À Hydro-Québec, on a formé près de 6 500 employés dans les semaines précédant l'implantation du système intégré dans le cadre du projet Harmonie (Landry et Rivard, 2001).

L'équipe de la mesure et de l'évaluation

Le rôle de l'équipe de la mesure et de l'évaluation est d'établir des indicateurs fiables, mesurant l'efficacité du changement et le taux de pénétration du changement dans l'organisation. Un bel exemple est celui de la Régie des rentes du Québec, où la valeur de la mesure est très ancrée dans la culture. De l'avis de Louise Labelle, directrice du projet de Renouvellement de la prestation de services (gouvernement en ligne), « on mesure tout à la Régie : on installe des senseurs partout dans notre mise en œuvre du changement et dans nos systèmes pour avoir une rétroaction précise sur les impacts ». Dans d'autres organisations, on mesure le progrès à l'aide de rapports d'évaluation.

Le modèle des phases de préoccupations peut évidemment fournir des points de repère étant donné l'évolution des préoccupations des destinataires. Loin d'être le seul outil qui devrait faire partie des mesures, il est pourtant un instrument diagnostique important et valide après l'annonce du changement, avant la formation, après la formation, après l'implantation et pour assurer un suivi.

L'équipe d'intégration du changement

L'intégration du changement dans l'organisation couvre un assez large spectre de mandats. L'équipe qui s'en occupe peut jouer un rôle de vigie dans l'entreprise pour évaluer jusqu'à quel point l'organisation se transforme. Elle peut aussi favoriser la participation des employés ou coacher les managers dans leur rôle d'encadrement. Elle peut travailler à l'harmonisation des systèmes et des pratiques de gestion.

Étant donné tous ces rôles, l'équipe de gestion du changement devrait se consacrer **à temps complet** à ses tâches, pour une période suffisamment longue.

Les équipes de gestion de projet

Les équipes de gestion de projet contribuent à l'atteinte de différents objectifs liés au changement. On y retrouve notamment des consultants provenant de l'externe, mais aussi de nombreuses ressources provenant de l'interne, qui sont soustraites à leurs tâches habituelles. Par exemple, chez Pratt & Whitney Canada, un état-major de plus de 400 personnes avait été constitué pour gérer le projet ERP (Tchokogué, Bareil et Duguay, sous presse). Dans le cas d'une implantation ERP, différentes équipes de projet s'affairent à la conception, à la configuration et à la validation de différents modules du système informatique (approvisionnement, finances, ressources humaines, distribution et production, etc.). Plusieurs étapes doivent être suivies, de la vision à la planification des activités, à la définition des objectifs, au design, à la configuration, aux essais et à la livraison du système. Les équipes de gestion de projet servent à concevoir les nouveaux processus d'affaires et à élaborer la mise en œuvre du changement.

À la tête de la structure se retrouve généralement un comité de pilotage, composé de la haute direction de l'entreprise. Son rôle est de prendre les décisions qui s'imposent concernant la gestion du projet et d'en faire le suivi. Certains cadres peuvent également jouer le rôle de comité consultatif dans le but d'entériner les décisions concernant les nouveaux processus d'affaires.

Les destinataires s'attendent à ce que les équipes de gestion de projet soient efficaces. Ils s'attendent généralement à ce que leurs collègues, membres d'une équipe de gestion de projet, les représentent bien et les consultent, le moment venu.

Ces équipes de gestion de projet vivent aussi des préoccupations! Il arrive qu'elles travaillent de façon acharnée pour respecter les délais établis. Les cas d'épuisement et de stress intense prolongé (sur plusieurs mois) ne sont pas rares. Au cours d'une étude, j'ai pu constater que la majorité des préoccupations des membres de ces équipes se situaient en phases 2, 3 et 4. Ils étaient préoccupés par leur retour à leurs fonctions antérieures à la suite du projet et par la surcharge de travail qui rendait difficile la conciliation travail/famille. Leur éloignement de leurs collègues de travail les inquiétait, tout comme leur santé et le peu de reconnaissance de l'organisation envers leurs efforts (phase 2). Ils étaient préoccupés par le processus de prise de décision, par l'identification des priorités associées au projet (phase 3), de même que par le partage des tâches dans l'équipe et le transfert de connaissances (phase 4).

Tout gestionnaire doit donc demeurer alerte quand des ressources internes sont intégrées à des équipes de gestion de projet. À Hydro-Québec, des ressources recrutées à l'interne étaient détachées de quelques mois à un maximum de 30 mois (Landry et Rivard, 2001) et provenaient de chacune des unités administratives qui fournissait des dizaines d'employés parmi les meilleurs disponibles, mais également des employés marqués par les sous-cultures propres à chaque environnement. Le manager doit donc reconnaître leurs inquiétudes et faire en sorte que des mesures soient prises à leur intention.

Le directeur de projet

Le directeur de projet est sans contredit un membre influent de l'équipe de pilotage à l'occasion d'un changement majeur. Provenant généralement de l'extérieur de l'organisation, il est fort d'une expérience pertinente en gestion de projet dont l'organisation profite.

Le rôle du directeur de projet ERP est, selon Carmen Bernier « d'influencer les décisions du projet et de jouer les rôles de champion de l'innovation, d'ambassadeur auprès de la direction, d'arbitre et de négociateur dans la résolution des conflits à l'intérieur de l'équipe[6]. »

Dans une étude[7], elle rapporte que le principal défi du directeur d'un projet complexe (l'ERP, par exemple) est d'exercer à la fois des rôles de gestion faisant appel à une logique de mobilisation, de participation et de partage d'une vision que des rôles de gestion caractérisés par le formalisme des processus de gestion. Le directeur de projet doit donc aller au-delà de son rôle traditionnel, insuffler suffisamment d'influence à l'organisation pour la rendre capable de changer. Pour ce faire, il doit posséder un mandat clair et avoir la confiance de la direction. Ces conditions sont nécessaires pour que le changement réussisse.

En fait, le directeur d'un projet informatique joue le rôle d'un jongleur-équilibriste[8], dans le sens où il doit gérer une multitude de dimensions : humaine, organisationnelle, technique, technologique et logistique. Il doit gérer la résistance de certains individus ou groupes (dimension humaine), obtenir l'appui de gestionnaires et de la haute direction (dimension organisationnelle), constituer des équipes technologiques fortes (dimensions technique et technologique) et faire une planification détaillée avec un suivi rigoureux (dimension logistique).

Voici quelques critères pour aider le décideur à choisir un bon directeur de projet :

• expérience de gestion de projets similaires, de projets d'envergure qui ont réussi ;

• connaissance de plusieurs fonctions administratives ;

• connaissances techniques ;

• connaissances financières ;

• grande sensibilité aux impacts humains ;

• habiletés politiques.

Les destinataires ont plusieurs attentes à l'endroit du directeur de projet[9], comme le montre le tableau 11.

TABLEAU 11

COMPORTEMENTS ATTENDUS DU DIRECTEUR DE PROJET SELON LES PHASES DE PRÉOCCUPATIONS DES DESTINATAIRES

Phase 1 :
Aucune
préoccupation

a) Démontrer les limites du mode de fonctionnement organisationnel actuel.
b) Faire participer les destinataires aux discussions relatives à la mise en œuvre du changement.
c) Encourager les employés les plus motivés par le changement à en parler aux autres destinataires.

Phase 2 :
Préoccupations
centrées sur
le destinataire

Aucune attente particulière envers le directeur de projet.

Phase 3 :
Préoccupations
centrées sur
l'organisation

a) Démontrer les avantages et les inconvénients du changement, avec beaucoup de transparence.
b) Livrer un message clair et direct, mais surtout réaliste en ce qui concerne les difficultés d'implantation.

Phase 4 :
Préoccupations
centrées sur
le changement

a) Donner de l'information sur l'avancement du projet de changement et sur les gains réalisés jusqu'à présent.
b) Réagir aux informations erronées à propos du changement pour taire les rumeurs.

Phase 5 :
Préoccupations
centrées sur
l'expérimentation

a) Repérer certains employés plus habiles avec le changement, ressources que les destinataires pourront consulter en cas de problème.

Phase 6 :
Préoccupations
centrées sur
la collaboration

a) Mettre en place des mécanismes de communication (intranet, comités, réunions, cercles de qualité, etc.) pour faciliter les échanges d'information entre les destinataires collègues.

Phase 7 :
Préoccupations
centrées sur
l'amélioration

a) Faciliter l'accès à des ressources qui permettent aux destinataires de tester leurs propositions d'amélioration du changement.
b) Faire participer les destinataires à l'examen critique des réussites et des difficultés de l'implantation du changement en vue d'améliorer les prochaines mises en œuvre.
c) Assurer un suivi aux propositions d'amélioration du changement.

Toujours selon Visinand (2003), le directeur de projet est le second acteur, après le manager, envers qui les destinataires ont des attentes élevées. Toutefois, le directeur de projet est moins apprécié concernant les préoccupations de phase 2, centrées sur le destinataire et les impacts du changement sur sa tâche ; ce sont le supérieur immédiat et la haute direction qui doivent alors réagir.

Conclusion

Plusieurs acteurs organisationnels peuvent venir en aide tant au destinataire qu'au manager dans la mise en œuvre du changement. Il suffit de faire une utilisation judicieuse de ces ressources internes et externes tout en préservant le rôle et les responsabilités du gestionnaire durant le changement.

Le manager n'est plus seul s'il sait s'entourer de gens compétents qui le soutiendront en période de changement.

La figure 3 présente les acteurs du changement où j'ai placé délibérément les destinataires au cœur du changement. Ce sont les personnes touchées, les utilisateurs de système, les experts (super-utilisateurs) et, aussi, les cadres et les gestionnaires. Pour les aider, plusieurs acteurs peuvent les soutenir : les managers, les décideurs, les professionnels des ressources humaines, les équipes de projet, les consultants, tel que nous l'avons vu dans ce chapitre. Toutes les actions de ces acteurs font en sorte que le changement se réalise au travers des efforts d'adaptation et d'appropriation des destinataires.

FIGURE 3

LES ACTEURS DU CHANGEMENT

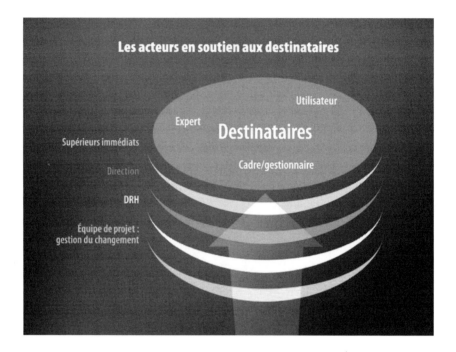

Nous verrons au prochain chapitre le rôle d'un acteur stratégique, celui de la direction.

NOTES

[1] Consulter Lescarbeau, Payette et St-Arnaud (2003, p. 24-28) pour la définition de ces rôles.

[2] Tiré du mémoire de Visinand (2003). L'auteure a validé des propositions d'interventions jugées les plus pertinentes pour répondre à chacune des phases de préoccupations. De plus, elle a clarifié les attentes des destinataires en fonction de huit acteurs du changement : le membre exécutif, le supérieur immédiat, le responsable de l'équipe de projet, le consultant externe, le professionnel des ressources humaines, le professionnel des relations publiques, le professionnel de la finance/comptabilité et, finalement, le collègue de travail.

[3] Tiré de Ulrich (1997).

[4] Tiré de Visinand (2003).

[5] Selon Giroux (1998).

[6] Carmen Bernier est directrice du Département de l'enseignement des technologies de l'information à HEC Montréal, professeure agrégée et auteure d'une récente recherche sur le rôle de management des chefs de projet d'implantation de progiciels. Je la remercie sincèrement d'avoir contribué à cette section.

[7] Voir Sleiman, Bernier et Roy (2001).

[8] Voir Pinsonneault (2001).

[9] Provient de l'étude de Visinand (2003).

8 › *Le décideur, un acteur stratégique*

« Lors d'une transformation, la direction est souvent obnubilée par les changements de structures. Mais il faut rappeler qu'aucune structure n'entraîne les comportements désirés. Au mieux, elle définit les limites de rôles et de responsabilités.
Ce sont les personnes, et non les structures, qui vont produire les résultats...
et c'est la légitimité perçue du changement qui va être source de sens pour eux. »

Alain Rondeau,
directeur du Centre d'études en transformation
des organisations (CETO),
HEC Montréal

Le décideur, souvent la haute direction, est un acteur stratégique dont
les décisions influencent la destinée et la survie de l'organisation mais
aussi celle de leurs employés. Le décideur doit, au quotidien, optimiser les intérêts des employés et ceux de l'organisation. Robert
Denis, entrepreneur, fils d'entrepreneur et détenteur d'une M. Sc. de
HEC Montréal, met tous les jours en pratique les valeurs que je prône
dans cet ouvrage : respect, confiance, transparence, considération et
participation des employés. Propriétaire du « Provigo R. Denis » à
Laval, au Québec, lui et sa conjointe, Carole Beaudoin, incarnent ces
convictions humanistes auxquelles ils croient profondément. Ils ont
même instauré un système de partage des profits avec leurs gérants il

y a 17 ans et, depuis 12 ans, tous les employés syndiqués, à temps plein et à temps partiel, en bénéficient. Le résultat ? Robert Denis a fait d'un des pires magasins d'alimentation au Québec (en 1986, lors de l'acquisition), un des plus performants[1]. À ce titre, en 2003, la Bannière Provigo lui décerne le prix du « Provigo par excellence » pour le magasin à plus gros volume, en dépit d'une surface moyenne. De plus, on lui remet une mention spéciale de « L'équipe de l'année » pour souligner l'esprit d'équipe qui règne dans ce magasin d'alimentation. Voilà un bel exemple d'un redressement où le décideur possède une vision et des valeurs humanistes dont il fait profiter tous ses employés.

En période de changement, le décideur doit garder le cap, et force est de constater que des problématiques sérieuses touchent de plus en plus les décideurs d'aujourd'hui : les changements organisationnels se multiplient, surviennent simultanément et leur vitesse d'implantation augmente. Doit-on et peut-on freiner cette cadence ?

Les défis du décideur

Le rôle du décideur est de bien gérer l'organisation pour en assurer la pérennité. Pour ce faire, il doit constamment être à l'affût des changements qui ont lieu dans son environnement externe (concurrence, fournisseurs, clients et déclencheurs légaux, politiques, économiques, sociaux, technologiques) et au sein de son organisation. Il doit tenir compte de la performance de l'entreprise et de sa complexité.

Un diagnostic complet doit justifier le choix et la nécessité d'un changement organisationnel. Le diagnostic organisationnel aide le décideur à interpréter les événements internes ou externes qui surviennent dans l'organisation ou dans son environnement. Par exemple, le choix du balisage concurrentiel (ou *benchmarking,* analyse comparative des meilleures pratiques de l'industrie) peut s'expliquer par un marché fortement concurrentiel et en croissance (environnement externe), par des pra-tiques plus ou moins désuètes (environnement interne), par l'absence d'indicateurs de mesure (efficacité organisationnelle) ou par le besoin de s'améliorer rapidement.

Avant de prendre la décision d'apporter des changements, le décideur prend note de la performance de son organisation[2] et analyse les causes qui influent sur son efficacité. Le modèle de Burke et Litwin (Burke, 1994) retient entre autres les causes suivantes : le leadership, la culture, l'environnement externe, les pratiques de gestion, le climat de travail et la motivation des individus. L'objectif de tout change-ment vise donc à améliorer un ou plusieurs facteurs liés à la perfor-mance organisationnelle. C'est ce qui donne une certaine légitimité au projet de changement.

La capacité d'établir un lien clair, réel ou anticipé, avec la perfor-mance organisationnelle apparaît comme la source la plus importante de justification d'un changement majeur (Hafsi et Demers, 1997). Cette légitimité du changement est fort utile dans le processus interne que vit le destinataire. Elle justifie ses efforts. En effet, le destinataire en a besoin pour comprendre la nécessité de changer. Le changement est alors perçu comme nécessaire et non comme une mode passagère.

Cette décision stratégique de mener l'organisation d'un point A vers un point B comporte des implications fort importantes. On n'a qu'à penser aux préoccupations des cadres et des employés. Je disais au chapitre 1 : « Le changement doit être acceptable pour les employés et favoriser la pérennité de l'organisation. » Un des principaux défis du décideur consiste donc à justifier ce changement. Pour ce faire, il s'as-surera qu'il est pertinent, qu'il correspond à la vision de l'entreprise, qu'il comporte des objectifs et des buts réalistes de même que des conditions gagnantes.

DÉFI N° 1

Poser un diagnostic organisationnel qui rend légitime
la décision stratégique du changement.

La décision de changer devrait être basée sur le contexte, la culture, la structure et le potentiel humain de s'adapter au changement[3]. Il s'agit de déterminer dans quelle mesure le changement remet en cause les valeurs de l'organisation et la structure organisationnelle et de voir si les employés seront capables de s'y adapter. Dans le cas contraire, il vaut mieux créer cette capacité de changement au sein de l'organisation plutôt que d'implanter le changement immédiatement. Au chapitre 1, j'énumérais les multiples causes du taux d'échec élevé : les facteurs humains, la qualité de la décision stratégique, la capacité de l'organisation à changer et la qualité de la mise en œuvre du changement. Le décideur doit prendre en compte ces éléments dans sa décision de changer.

Un autre défi concernant la décision stratégique est le choix du type de changement ciblé : est-il radical ou graduel ? Les organisations ont connu au cours de la dernière décennie leur lot de changements radicaux qui ont affaibli la santé physique et psychologique des travailleurs et ont créé beaucoup de cynisme au sein de nos organisations. De plus, leur efficacité peut être remise en cause. Il est temps que les décideurs optent pour une **gestion plus humaine**, centrée sur la rétention de leur personnel et sur le partage des apprentissages tacites et des pratiques.

DÉFI N° 2

En finir avec les changements radicaux et les grands chocs.
Vive les changements graduels !

Peut-être que les changements radicaux étaient rendus nécessaires à cause d'un trop grand laxisme des décideurs à prendre les décisions opportunes pour s'adapter constamment à leur environnement. Mais je persiste à dire que le rôle du décideur est de bien gérer l'organisation au quotidien et d'éviter les crises ou les catastrophes qui mènent trop souvent à des changements radicaux stratégiques de grande ampleur. Ces derniers ont comme répercussions des pertes d'emplois et des fermetures d'usines ou de bureaux, lesquelles dévastent des régions. Il est temps que les décideurs gèrent à plus long terme – non pas seulement en fonction du rendement à court terme au profit des actionnaires! – et bâtissent une organisation saine, souple et flexible, une organisation capable de changer sans crise, sans choc brutal, sans cure minceur de type « *lean and mean* ». Le défi du décideur consiste, à mon avis, à éviter ces grands chocs.

En outre, l'arrivée d'un nouveau décideur ne devrait plus être associée à la venue d'un changement radical. Les études (Sakano et Lewin, 1999) démontrent qu'aux États-Unis, un nouveau PDG mène des changements stratégiques radicaux de réorientation ou de restructuration durant sa première année en poste, alors que cette situation n'est pas observée au Japon durant les deux premières années d'un nouveau PDG.

Les décideurs doivent donc mieux gérer leur organisation, en fonction de la turbulence de leur environnement, pour que les chocs soient moins grands et que le changement puisse se réaliser à petits pas. Plusieurs auteurs préconisent déjà ce type de changement, réalisé « sans douleur ». Abrahamson (2004) soutient que le changement sans douleur est la solution. Dans la même veine, Hafsi (Hafsi, Séguin et Toulouse, 2003, p. 649) révèle que « le meilleur des changements est peut-être celui qui est le moins sensible, celui qui se fait à la marge et qui dérange le moins ». Il ajoute: « Nous gagnerions tous à moins de précipitation, à plus de circonspection face au changement. » La théorie du comportement de la firme (Cyert et March, 2001) a montré hors de tout doute raisonnable que plus l'organisation est complexe, plus il est illusoire de vouloir la changer, sauf si on le fait en modifiant progressivement les routines. J'en conclus donc que le choix du changement doit être repensé à deux fois avant d'être entériné par un conseil d'administration ou un propriétaire.

Par ailleurs, les décideurs devraient penser un peu moins aux changements imposés et un peu plus aux changements émergents, qu'ils devraient susciter ! Les organisations à succès sauront à l'avenir utiliser tout le potentiel de leur main-d'œuvre qui, ayant développé plus de capacité à changer, saura apporter de multiples changements visant à améliorer les activités courantes. Par exemple, les communautés de pratique sont en mesure d'améliorer constamment leurs pratiques et, de ce fait, d'améliorer l'efficacité organisationnelle. Cela se fait avec moins d'imposition, plus de latitude et de prise en charge par les employés eux-mêmes, à la fois destinataires, décideurs et agents de changement.

Un autre défi qui guette les firmes est celui de la multitude de changements simultanés. En effet, un changement organisationnel arrive rarement seul. Les changements multiples touchent de différentes façons les destinataires. À mon avis, au-delà d'un certain seuil, les personnes n'ont plus la capacité de changer. Lorsque des changements multiples s'imposent, ils commandent une gestion plus raffinée et très encadrée.

DÉFI N° 3

Gérer de façon particulièrement raffinée les changements simultanés.

À la question « Doit-on et peut-on freiner cette multiplication des changements simultanés et leur vitesse d'implantation ? », je réponds donc oui, dans plusieurs cas. Les changements doivent être choisis avec parcimonie, selon la capacité des personnes à y faire face.

Cela me conduit à discuter d'autres défis que doit relever le décideur concernant non plus la décision stratégique mais plutôt l'implantation du changement. Le décideur qui a le pouvoir de décider s'il y aura ou non un changement a aussi l'obligation de créer des conditions gagnantes à son implantation.

DÉFI N° 4

Créer des conditions facilitant le succès du changement.

Tout décideur doit être conscient des difficultés d'adaptation que peuvent éprouver les destinataires. Il doit entretenir des attentes réalistes quant au rythme du changement et aux ressources requises. Le changement prend en général deux fois plus de temps que prévu et une fois et demie plus de ressources. Le décideur doit mettre en place les conditions nécessaires à une implantation réussie du changement. Je pense ici à une vitesse d'implantation réaliste qui permette aux destinataires de s'approprier le changement dans un délai raisonnable. Je pense également aux conditions de succès reconnues pour chaque type de changement. De façon générale, il s'agit des ressources financières, humaines, technologiques et informationnelles nécessaires à une implantation réussie.

Changer coûte cher. Il y a pertes de productivité, périodes d'apprentissage, remplacement du personnel en formation, coaching, soutien au personnel, équipes vouées au projet de changement, honoraires des consultants, coûts directs et indirects liés à la formation, aux communications et aux outils de mesure, investissements majeurs liés à l'exploitation ou aux nouvelles technologies. Souvent, les objectifs visés par le changement ne sont pas atteints parce que les coûts ont été sous-estimés de même que les difficultés survenues en cours de route. Le décideur doit alors se contenter de résultats à demi atteints, lesquels ne justifient pas toujours l'investissement. Cette mise en garde est nécessaire compte tenu du taux d'échec élevé dans de nombreux types de changements organisationnels.

J'aimerais également noter l'importance de bien gérer les cadres et les managers durant l'implantation d'un changement. Le décideur doit bien encadrer ses plus proches collaborateurs et ses agents de changement. Je constate encore trop souvent avec amertume que les gestionnaires sont les acteurs les plus négligés du changement. Ils ne sont pas mieux informés des décisions ni de l'avancement du projet que l'ensemble des destinataires et sont moins formés qu'eux. Comment peuvent-ils être des agents de changement efficaces s'ils ne disposent pas des ressources informationnelles, décisionnelles et humaines pour aider leurs employés à s'approprier le changement ?

DÉFI N° 5

Porter une attention spéciale aux managers durant le changement.

Le décideur a donc la responsabilité de gérer le changement en prêtant attention aux préoccupations des gestionnaires intermédiaires et des employés. Hafsi (Hafsi, Séguin et Toulouse, 2003, p. 65) déplore le manque de compréhension des directions des phénomènes organisationnels et note que « même si les employés et les gestionnaires intermédiaires sont l'objet d'une attention fébrile, leurs préoccupations sont souvent au bas de la liste des priorités des directions qui entreprennent les restructurations ». Cela entraînerait, selon le même auteur, « une démoralisation et une surcharge de travail qui réduisent de manière considérable la productivité des personnes, leur créativité et donc la capacité concurrentielle de l'organisation ».

Finalement, un dernier défi pour tout décideur est de gérer la responsabilité sociale de son organisation.

DÉFI Nº 6

Assumer sa responsabilité sociale.

On parle de plus en plus de la responsabilité sociale du décideur[4]. Il doit veiller à la survie à long terme de l'organisation et non pas seulement à la satisfaction des actionnaires. Tout décideur devrait éviter de jouer les sauveurs, contrairement à ce qu'a fait Carlos Ghosn chez Nissan (Magee, 2003). En dépit de sa philosophie de gestion axée sur l'écoute et sur les équipes multifonctionnelles et interculturelles, il a fermé trois usines au Japon, là où les emplois étaient généralement à vie et a éliminé 21 000 emplois, dont 16 000 seulement au Japon. Cette recette minceur « *lean and mean* » était devenue nécessaire, semble-t-il, à cause de la piètre performance de Nissan qui perdurait depuis plusieurs années. En matière de changement, le décideur possède une responsabilité sociale qui se manifeste sous plusieurs dimensions : la gestion du quotidien, les décisions stratégiques, la gestion de la mise en œuvre et un souci de ses cadres et de ses employés.

À l'instar d'Arnot (2004), je suggère que la responsabilité sociale fasse partie des indicateurs de performance d'une entreprise. Il y a actuellement une volonté de mesurer et de reconnaître la responsabilité sociale de l'entreprise et de lui donner une signification tangible aux yeux des actionnaires. La considérer dans la mesure de performance de l'entreprise, au même titre que le retour sur l'investissement et le chiffre d'affaires, est une avenue à emprunter.

Les rôles du décideur en période de changement

En période de changement, le décideur joue de multiples rôles. Il joue un rôle **de visionnaire** dans la mesure où il dégage une vision pour son organisation et s'assure de prendre la décision stratégique qui correspond à cette vision.

Il a également la responsabilité d'entériner différents changements qui proviennent d'autres échelons hiérarchiques et qui permettent à l'organisation de concrétiser sa vision. Les changements émergents, ceux qui viennent des employés, font aussi partie de l'évolution d'une organisation et un bon décideur doit les reconnaître et les valoriser.

Le décideur joue un rôle important dans l'**établissement des priorités** de l'entreprise. Il doit réviser les priorités en fonction des exigences du changement. Il doit s'assurer du réalisme et de la convergence des changements avec les objectifs organisationnels. Le changement doit avoir une priorité, au même titre que l'atteinte d'autres objectifs.

En matière d'implantation du changement, le décideur joue le rôle de **pourvoyeur de ressources,** celles qui facilitent la réussite du changement. Il a non seulement la responsabilité de la prise de décision stratégique mais aussi de sa mise en œuvre.

Il joue un rôle de **vigie** lorsqu'il retire les barrières qui entravent le changement. Pour ce faire, il doit être capable de mesurer les progrès et l'avancement du changement. Il doit passer à l'action s'il constate l'inertie du système.

On reproche souvent au décideur de rester muet à la suite de l'annonce du changement alors que ses troupes réclament son appui et voudraient qu'il manifeste son intérêt envers le changement. En ce sens, il joue un rôle important envers tous les destinataires du changement, qu'ils soient managers ou employés. La **gestion de la transition des personnes** fait partie de ses tâches de décideur.

En fait, tout décideur ayant de l'expérience en matière de changement se soucie des impacts humains. Il reconnaît que le changement organisationnel affecte les employés. Il sait que l'anticipation du changement et son acceptation sont des processus cruciaux, car ils peuvent faire dévier le changement, sinon le faire échouer. Soucieux du bien-être de ses employés, le décideur ressent le besoin de mieux connaître les besoins et les préoccupations de son personnel.

Il joue son rôle de **communicateur** quand il adapte ses communications aux véritables préoccupations de ses équipes. Il les écoute et leur donne ses réactions.

Le décideur joue également le rôle de **leader transformationnel** lorsqu'il propose une vision du changement, mobilise l'énergie et développe la capacité de changer chez ses collaborateurs. Un dirigeant qui joue ce rôle de leader dans la mise en œuvre du changement est plus en mesure de rajuster le tir, d'adapter ses actions et de faire en sorte que le changement s'implante avec succès, avec le minimum de heurts sur le plan humain.

Marc Gagnon, vice-président exécutif principal au Cirque du Soleil, est un exemple de décideur qui a fait preuve de leadership transformationnel en situation de changement.

J'ai eu la chance de le rencontrer pour un projet de recherche-action portant sur un changement majeur au Cirque : l'implantation d'un système de gestion intégré. Ce système, rigide et solide, devait permettre au Cirque d'imposer une certaine discipline au sein de cette organisation qui valorise le talent de ses employés, le sentiment d'appartenance et leur identification à l'entreprise. Dès que je lui ai parlé du projet de recherche, il a accepté parce que, selon lui, « le modèle des phases de préoccupations correspond aux valeurs de gestion du Cirque : humanisme, attention centrée sur les personnes et implication des ressources humaines ».

Marc a joué le rôle de parrain, c'est-à-dire celui qui soutient le projet jusqu'à ce qu'il arrive à terme, et de leader déterminé à changer et capable d'aplanir les obstacles organisationnels en cours de route. Voilà les nouveaux rôles du dirigeant en période de changement : être présent non seulement pour la prise de décision stratégique mais encore et surtout, être présent sur le terrain durant l'implantation.

Selon moi, Marc Gagnon incarne le leader transformationnel[5].

- En ce qui concerne la vision, il a fait en sorte, avec son équipe de direction, que le Cirque se dote d'un outil puissant et uniforme dans toutes les divisions (un ERP). Il a formulé avec simplicité des objectifs que tous ont partagés.

- Il a mobilisé ses troupes par des communications régulières (réunions, journal interne) et par un monitoring dans chaque division où était implanté le changement. Il a tenté de comprendre et de satisfaire les besoins du personnel, par l'étude des préoccupations.

- Il a su développer une capacité à changer en ayant une lecture appropriée de son environnement et en agissant de façon ciblée : il a demandé des comptes, incité certains collègues à remettre en question leurs croyances et leurs hypothèses, arbitré des différends et jouer le rôle d'interface entre les différents échelons.

De plus, il savait que ce changement d'envergure prendrait du temps et qu'il fallait respecter ce rythme. Il précise : « Lorsqu'on doit imposer un changement majeur et que les gens n'ont pas nécessairement le choix, ils doivent apprendre de nouvelles façons de travailler. Ils doivent apprivoiser le changement. Cela prend de 12 à 18 mois. Ensuite, ils apprennent à évaluer ses impacts de façon positive (de 18 à 30 mois). Ce n'est que par la suite qu'ils sont en mesure de vraiment apprécier les bénéfices du changement (de 30 à 48 mois) et se rendent compte qu'ils ne pourraient plus s'en passer ou revenir en arrière. »

En parlant du modèle des phases de préoccupations, Marc Gagnon résume : « Le modèle est utile en gestion du changement parce qu'il offre un éclairage pertinent sur le vécu du personnel au moment où nous en avons le plus besoin comme direction. Il offre des indicateurs précis sur ce que les employés pensent, vivent et ressentent avant, pendant et après l'implantation d'un changement majeur. De plus, cette mesure nous permet d'intervenir de façon ciblée et plus efficace. »

La gestion stratégique des préoccupations

La gestion stratégique des préoccupations des destinataires du changement fait partie des responsabilités du décideur dans une organisation moderne. C'est à lui de gérer le changement en tenant compte de ses impacts humains.

Certaines interventions du décideur connaissent beaucoup d'impacts. Par exemple, lorsque les destinataires sont en phase 2 (préoccupations centrées sur le destinataire), ils s'attendent à ce que le décideur annonce lui-même aux employés les impacts prévus du changement sur les emplois (licenciements, réaffectations, déplacements).

Lorsqu'ils sont en phase 3 (préoccupations centrées sur l'organisation), les destinataires s'attendent à ce que le décideur :

• présente des faits et des données sur la nécessité du changement ;

• expose les avantages et les inconvénients du changement ;

• démontre les bénéfices du changement pour l'organisation.

Le rôle du décideur à l'égard des destinataires est majeur, car il marque l'engagement de la haute direction envers la priorité du changement. Il constitue un facteur de succès incontournable pour n'importe quel type de changement organisationnel. Comme le décideur démontre la nécessité de changer et la pertinence du changement retenu, il crée chez les destinataires une ouverture au changement. Il joue donc un rôle d'informateur et de pourvoyeur de ressources, tout en soutenant le travail d'autres acteurs qui agissent auprès des destinataires.

Il revient au décideur de respecter cinq étapes pour implanter une approche centrée sur les préoccupations.

Étape 1. Avoir une vision et une volonté d'écouter

Il faut que la direction valorise un style de gestion minimalement consultatif et participatif. La philosophie de gestion doit privilégier les communications, et le point de vue des employés doit être sollicité autant en période de relative stabilité qu'en période de changement.

De plus, la haute direction doit clairement démontrer sa volonté d'écouter les destinataires et s'y investir, par exemple, dans des diagnostics multiples, au fur et à mesure que le changement se déploie.

La haute direction doit aussi démontrer sa volonté d'agir et d'intervenir auprès de chaque groupe de destinataires. Elle doit agir, faire part de ses réactions aux groupes mais également aider ses managers à trouver les pistes qui répondent le mieux aux différentes préoccupations des groupes de destinataires.

Étape 2. Créer une structure d'accompagnement

Des ressources doivent être mandatées pour écouter les destinataires, les gestionnaires et les managers et répondre à leurs besoins de façon continue, soutenue et prolongée. Cette équipe peut provenir du service des ressources humaines et inclure des décideurs des opérations. Elle a pour mandat d'identifier les groupes de destinataires ciblés par le changement.

Le décideur peut reconnaître les efforts individuels en les intégrant dans l'évaluation de rendement. Cette position organisationnelle est gagnante en période de changement.

Étape 3. Suivre les actions

Au-delà de la structure d'accompagnement, il faut que toute l'organisation soit à l'affût du suivi. J'insiste sur ce point, car j'ai noté dans plusieurs cas que le suivi est trop rapidement abandonné. Même si dans les faits elle se prépare peut-être au prochain changement, la haute direction doit continuer à se montrer vigilante au moment du déploiement du changement. Cela peut signifier de maintenir en poste les équipes de projet après la mise en place du changement.

Le principe du « *middle-up-down* » de Nonaka et Takeuchi (1995), qui veut que le cadre intermédiaire joue un rôle d'informateur clé auprès de la direction et auprès de son personnel, est utile. Les employés doivent pouvoir lui faire valoir leur point de vue sans se sentir menacés.

Étape 4. Appuyer les managers dans leur rôle

Les managers sont essentiels. Il faudra leur accorder toute l'attention nécessaire durant le changement, car ils sont le maillon faible. S'ils se découragent ou ne sont pas convaincus de la pertinence du changement, l'impact sera majeur auprès des destinataires. Il faut que la direction attribue aux managers les ressources dont ils ont besoin, au bon moment.

Étape 5. Briser les silos et l'isolement

Il faut favoriser les échanges horizontaux et verticaux. La gestion du changement doit devenir interactive et fluide à tous les échelons. Lorsque certains destinataires ou gestionnaires s'isolent, c'est qu'il y a des difficultés. L'organisation devrait être capable de maintenir l'interactivité et de briser l'isolement.

Conclusion

Ce dernier chapitre a fait ressortir l'apport non négligeable du décideur dans tout changement organisationnel. Outre le rôle traditionnel du décideur caractérisé par les orientations stratégiques, le choix du changement et les décisions nécessaires à sa réalisation, les rôles du décideur sont dorénavant enrichis par l'identification et le retrait d'obstacles organisationnels, la réévaluation du rythme d'implantation et la saisie des préoccupations des destinataires.

NOTES

[1] Pour plus d'information au sujet de ce modèle de réussite, consulter une étude de cas « Alimentation R. Denis : un Provigo différent et performant », écrite par Ameur Boujenoui et Louis Jacques Filion (2002) dans *Savoir entreprendre : douze modèles de réussite – études de cas*.

[2] Il peut utiliser pour ce faire le modèle de Savoie et Morin (2002) qui évalue la performance organisationnelle autour de cinq dimensions : la pérennité de l'organisation, l'efficience économique, la valeur du personnel et la légitimité organisationnelle, auxquelles s'ajoute une dimension politique.

[3] Ce sont les principaux déterminants retenus par Hafsi et Demers (1997) pour mesurer la capacité de changement des organisations.

[4] J'ai entre autres participé à une conférence sur la responsabilité sociale des entreprises lors d'un congrès Euro-Asie au Japon ; consulter Bareil (2004a).

[5] Cette partie s'inspire des typologies des rôles des dirigeants (Tushman, Newman et Nadler, 1988) et des facteurs liés au leadership transformationnel de Bass et Avolio (1990).

Le mot de la fin

Changer l'organisation sans la participation des personnes qui la forment est utopique. Ce n'est que grâce aux efforts concertés, à la volonté et aux multiples talents des destinataires qu'une tentative de changement peut être couronnée de succès.

La démarche décrite dans cet ouvrage vise un double objectif : humaniser le changement afin qu'il soit vécu de façon plus harmonieuse et offrir à l'organisation les meilleures chances d'atteindre ses objectifs.

En écrivant ce livre, je voulais offrir aux gestionnaires une méthodologie rigoureuse, concrète, cohérente, efficace et valide qui tenait compte de l'aspect humain. Je crois que l'approche préconisée répond à ces critères. Axée sur l'écoute des préoccupations, elle est rigoureuse au sens où elle constitue un modèle dynamique fondé sur de solides postulats de base. Elle est également concrète et plus facilement applicable dans un contexte de gestion que tout autre modèle dynamique. D'ailleurs, les entretiens, questionnaires et rencontres de groupe qu'elle suggère sont autant de méthodes pratiques à la portée des managers. Elle est cohérente, car elle permet le passage direct du diagnostic à l'intervention. Elle est efficace, ayant fait ses preuves tant en pratique qu'en recherche. Finalement, elle est valide parce qu'elle a été vérifiée empiriquement par nombre d'études et que l'approche théorique s'appuie sur des fondements solides.

J'ai également voulu donner un vent de fraîcheur à la documentation professionnelle et académique en gestion du changement. Pour ce faire, j'ai présenté les messages suivants :

1. *Donner priorité au destinataire.* Je considère le destinataire comme un acteur important du changement parce que c'est lui qui doit s'y adapter et se l'approprier. À cet égard, il doit jouer les cinq rôles distincts que nous avons vus. Pour ce faire, il a toutefois besoin d'être écouté, entendu, respecté et soutenu.

2. *Outiller le destinataire afin qu'il comprenne que ses préoccupations font partie du processus normal et légitime de la transition.* Le modèle des phases de préoccupations présente une approche positive et légitime des réactions habituelles des individus en situation de changement. Tout destinataire peut ainsi mieux accepter et comprendre ce qu'il vit, se comparer aux autres et prendre en charge ses besoins et ses préoccupations en période de transition.

3. *Outiller le manager, souvent démuni devant le changement, afin qu'il devienne aidant pour le destinataire.* Quelques exemples d'outils proposés ? La question gagnante, la théorie des sept phases de préoccupations et sa dynamique, le modèle du champ de forces, les défis et comportements ciblés en fonction des phases de préoccupations, l'analyse des causes de la résistance, le modèle dynamique intégrateur, l'inventaire de ce que le changement remet en cause, les 4 degrés d'exigences du changement et les 10 rôles du manager.

4. Briser l'isolement du manager en lui faisant comprendre qu'il n'est pas le seul acteur à pouvoir aider le destinataire. Plusieurs autres intervenants jouent des rôles de soutien périphériques fort importants, en particulier dans la gestion des préoccupations : le consultant, le professionnel des ressources humaines, le formateur interne, l'équipe de gestion du changement, l'équipe (ou les équipes) de projet et le directeur de projet.

5. Susciter la remise en question du décideur. Ne pas tenir pour acquis le type de changement, les priorités, le rythme et les conditions d'implantation. Et questionner l'origine du changement.

6. Démontrer que cette gestion humaine est possible au sein de nos organisations, petites, moyennes ou grandes, des secteurs privé ou public. Les exemples et cas pratiques soumis tout au long du livre prouvent que plusieurs organisations ont saisi l'importance de mieux comprendre les employés durant la phase d'implantation du changement.

Je souhaite avoir réussi à offrir aux entrepreneurs, aux gestionnaires, aux décideurs et aux consultants des pistes prometteuses dans leur gestion des individus face au changement. J'ose espérer que les décideurs développeront la capacité de changement de leur organisation dans le respect des différents acteurs et soutiendront une meilleure compréhension, une écoute véritable et des actions ciblées répondant aux préoccupations des destinataires.

Bibliographie

ABÉ, J.A. « La légitimité et le changement stratégique », dans R. Jacob, A. Rondeau et D. Luc, *Transformer l'organisation*, collection Racines du savoir, Montréal, HEC, 2002, p. 15-22.

ABRAHAMSON, E. *Change without Pain : How managers can overcome initiative overload, organizational chaos, and employee burnout*, Boston, Harvard Business School Press, 2004, 218 p.

ARNOT, A. « The triple bottom line », *CGA Magazine*, 38 (1), 2004, p. 26.

BAILEY, D. B. et S. A. PALSHA. « Qualities of the Stages of Concern Questionnaire and Implications for Educational Innovations », *Journal of Educational Research*, 85 (4), 1992, p. 226-232.

BAREIL, C. *Dynamique des phases de préoccupations et prédiction de l'adoption d'une innovation : une étude diachronique*, thèse de doctorat inédite, Montréal, Université de Montréal, 1997, 269 p.

BAREIL, C. « Lecture multidimensionnelle des impacts des changements technologiques et implications pour l'intervention », *Interactions, psychologie des relations humaines*, Département de psychologie de l'Université de Sherbrooke, 2 (1), 1998a, p. 16-34.

BAREIL, C. « Une nouvelle compréhension du vécu des acteurs en transition », dans *Le changement organisationnel, tome 1,* collection Gestion des paradoxes dans les organisations, Canada, Presses interuniversitaires, Maroc, Éditions 2 Continents, et Suisse, Lena, 1998b, p. 59-68.

BAREIL, C. « Apport de la psychologie à la compréhension de la dynamique de l'innovation et réflexions sur l'interdisciplinarité », dans *Le changement organisationnel, tome 1,* collection Gestion des paradoxes dans les organisations, Canada, Presses interuniversitaires, Maroc, Éditions 2 Continents, et Suisse, Lena, 1998c, p. 253-265.

BAREIL, C. « Modèle diagnostique des phases de préoccupations : une approche utile dans la gestion des changements », *Interactions, psychologie des relations humaines,* Département de psychologie de l'Université de Sherbrooke, 3 (1 et 2), 1999, p. 169-181.

BAREIL, C. « Modèle d'adoption individuelle d'un changement technologique », *Psychologie du travail et des organisations,* 7 (3-4), 2001a, p. 223-241.

BAREIL, C. « Le mentorat : un atout pour l'entrepreneur », dans Filion et coll. *Réaliser son projet d'entreprise,* 3e éd., Montréal : Éditions Transcontinental et Charlesbourg : Éditions de la Fondation de l'entrepreneurship, 2001b, p. 475-492.

BAREIL, C. « Stages of Concerns : An alternative model to resistance to change », présenté à l'*European Association of Work and Organizational Psychology,* Prague, République tchèque, mai 2001c.

BAREIL, C. « Evolution of users' concerns during an ERP implementation », présenté à l'*European Association of Work and Organizational Psychology,* Lisbonne, Portugal, 17 mai 2003.

BAREIL, C. « Corporate Social Responsibility toward change management », actes de colloque publiés, *10th International Euro-Asia Research Conference,* Yokohama, Japon, 28-29 mai 2004a, p. 18-30.

BAREIL, C. « *Préoccupations, appropriation et efficacité des membres et des animateurs des communautés de pratique virtuelles* ». Rapport de recherche dans le cadre du projet « Nouveaux modes de travail et de collaboration à l'ère d'Internet », Québec, Centre francophone d'informatisation des organisations (CEFRIO), 2004b (à paraître).

BAREIL, C. et C. BOFFO. « Qui dit changement, dit préoccupation et non plus résistance », dans G. Karnas, C. Vandenberghe, et N. Delobbe (Dir.), *Bien-être au travail et transformation des organisations : Actes du 12e congrès de psychologie du travail et des organisations, tome 3,* Belgique, Presses universitaires de Louvain, 2003, p. 541-551.

BAREIL, C., J. GAGNON et K. SEARLE. « Que savons-nous des préoccupations et de l'appropriation des participants à une communauté virtuelle de pratique ? », *Cahier de recherche du CETO (Centre d'étude en transformation des organisations)*, 4 (2), Montréal, HEC, 2004.

BAREIL, C. et A. SAVOIE. « Une avancée significative dans la conduite du changement organisationnel », *Psychologie du travail et des organisations*, 8 (1), 2002a, p. 27-45.

BAREIL, C. et A. SAVOIE. « Comprendre et mieux gérer les individus en situation de changement organisationnel », dans R. Jacob, A. Rondeau et D. Luc, *Transformer l'organisation*, collection Racines du savoir, Montréal, HEC, 2002b, p. 150-167 (aussi dans *Gestion 2000*, sept. à déc. 2000, p. 145-162, et dans *Gestion, revue internationale de gestion*, 24 (3), 1999, p. 86-94).

BAREIL, C. et A. SAVOIE. « Réussir le changement dans le respect des individus », dans R. Foucher, A. Savoie et L. Brunet, *Concilier performance organisationnelle et santé psychologique au travail*, Montréal, Éditions Nouvelles, 2003, p. 319-337.

BASHEIN, B. J., M. L. MARKUS et P. RILEY. « Preconditions for Business Process Reengineering Success », *Information Systems Management*, 11 (2), 1994, p. 7-13.

BASS, B. et B. J. AVOLIO. « The implications of transactional and transformational leadership for individual, team, and organizational development », dans R. Woodman et W. Pasmore (eds.), *Research in Organizational Change and Development*, 4, Greenwich, JAI Press, 1990, p. 231-272.

BECKHARD, R. et R. T. HARRIS. *Organizational Transitions : managing complex change*, Don Mills, Addison-Wesley, 1977, 110 p.

BERNIER, C., C. BAREIL et A. RONDEAU. « Transformer l'organisation par la mise en œuvre d'un ERP : une appropriation à trois niveaux », *gestion, revue internationale de gestion*, 27 (4), 2003, p. 24-33.

BLANCHARD, K. « The Seven Dynamics of Change », *Executive Excellence*, 9 (6), 1992, p. 5-6.

BOFFO, C. « L'appropriation individuelle d'un changement technologique : l'évolution des pratiques d'utilisation d'un système ERP », thèse de doctorat (en rédaction), Montréal, HEC Montréal.

BOFFO, C. et C. BAREIL. « Évolution des préoccupations des utilisateurs en contexte SGI/ERP : résultats préliminaires d'une étude qualitative et diachronique », *Cahier de recherche du CETO (Centre d'étude en transformation des organisations)*, 1 (5), Montréal, HEC, 2001.

BOUJENOUI, A. et L. J. FILION. « Alimentation R. Denis : un Provigo différent et performant », dans L. J. Filion « *Savoir entreprendre. Douze modèles de réussite – Études de cas* », Montréal, Presses de l'Université de Montréal, 2002, p. 167-194.

BOURQUE, J.-J. « Le syndrome du survivant dans les organisations », *Gestion, revue internationale de gestion,* 20 (3), 1995, p. 114-118.

BOUTIN, G. « La communication : élément de base de l'entretien », dans *L'entretien de recherche qualitatif,* Sainte-Foy, Presses de l'Université du Québec, 1997, p. 53-75.

BRASSARD, A. « Une autre façon de regarder le phénomène de la résistance au changement dans les organisations », dans *Changements organisationnels, tome 1,* collection Gestion des paradoxes dans les organisations, Canada, Presses interuniversitaires, Maroc, Éditions 2 Continents, et Suisse, Lena, 1996, p. 3-15.

BRIDGES, W. *Managing Transitions,* Reading, Addison-Wesley, 1991, 130 p.

BRIDGES, W. *Transitions : Making Sense of Life's Changes : strategies for coping with the difficult, painful, and confusing times in your life,* Reading, Addison-Wesley, 1980, 170 p.

BRUNET, L. et A. SAVOIE. *Le climat de travail,* Outremont, Éditions Logiques, 1999, 236 p.

BURKE, W. W. *Organization development : a process of learning and changing,* 2e éd., Reading, Addison-Wesley, 1994, 214 p.

BURKE, W. W., J. L. SPENCER, L. P. CLARK et C. CORUZZI. « Managers get a "C" in Managing Change », *Training & Development,* 45, 1991, p. 87-92.

CASCIO, W. F. « Whither industrial and organizational psychology in a changing world of work ? », *American Psychologist,* nov. 1995, p. 928-939.

COCH, L. et J. R. P. Jr. FRENCH. « Overcoming Resistance to Change », *Human Relations,* 1, 1947-1948, p. 512-532.

COLLERETTE, P., G. DELISLE et R. PERRON. *Le changement organisationnel : théorie et pratique,* Sainte-Foy, Presses de l'Université du Québec, 1997, 173 p.

CYERT, R. M. et J. G. MARCH. *A Behavioral Theory of the Firm,* Oxford, Blackwell Business, 2001, 252 p.

DENT, E. B. et S. G. GOLDBERG. « Challenging resistance to change », *The Journal of Applied Behavioral Science,* 35 (1), 1999a, p. 25-42.

DENT, E. B. et S. G. GOLDBERG. « Resistance to change : a limiting perspective », *The Journal of Applied Behavioral Science,* 35 (1), 1999b, p. 43-48.

DUHAMEL, F. *La santé et la famille : une approche systémique en soins infirmiers,* Montréal, Gaëtan Morin, 2003, 259 p.

FINK, S. L., J. BEAK et K. TADDEO. « Organizational Crisis and Change », *Journal of Applied Behavioral Science*, 7 (1), 1971, p. 15-37.

FULLER, F. F. « Concerns of Teachers : A Developmental Conceptualization », *American Educational Research Journal*, 6 (2), 1969, p. 207-227.

GAMBRELL, S. W. et C. A. STEVENS. « Moving through the three phases of organizational change », *Industrial Management*, 34 (4), 1992, p. 4-6.

GIROUX, N. « La communication dans la mise en œuvre du changement », *Management international*, 3 (1), 1998, p. 1-14.

GOLEMBIEWSKI, R. T., K. BILLINGSLEY et S. YEAKER. « Measuring change and persistence in human affairs – Types of change generated by OD Designs », *Journal of Applied Behavioral Science*, 12 (2), 1976, p. 133-157.

GUÉRIN, G. et T. WILS. *La gestion des ressources humaines : du modèle traditionnel au modèle renouvelé*, Montréal, Presses de l'Université de Montréal, 1992, 276 p.

HAFSI, T. et C. DEMERS. *Comprendre et mesurer la capacité de changement des organisations*, Montréal, Éditions Transcontinental, 1997, 322 p.

HAFSI, T. et B. FABI. *Les fondements du changement stratégique*, Montréal, Éditions Transcontinental, 1997, 409 p.

HAFSI, T., F. SÉGUIN et J.-M. TOULOUSE. *La stratégie des organisations : une synthèse*, 2e éd., Montréal, Éditions Transcontinental, 2003, 754 p.

HALL, G. E. « Longitudinal and cross-sectional studies of the concerns of users of team teaching in the elementary school and instructional modules at the college level », *Report no. 3035, Research and Development Center for Teacher Education*, Austin, University of Texas, 1976, 19 p.

HALL, G. E. « The concerns-based approach to facilitating change », *Educational Horizons*, 57 (4), 1979, p. 202-208.

HALL, G. E., A. A. GEORGE et W. L. RUTHERFORD. « Stages of Concern about the Innovation : The Concept, Verification, and Implications », *Research and Development Center for Teacher Education*, Austin, University of Texas, 1977, 35 p.

HALL, G. E., A. A. GEORGE et W. L. RUTHERFORD. « Measuring Stages of concern about the innovation : a manual for use of the SoC questionnaire », *Research and Development Center for Teacher Education*, Austin, University of Texas, 1986, 110 p.

HALL, G. E. et S. M. HORD. *Change in schools : facilitating the process*, Albany, State University of New York Press, 1987, 393 p.

HALL, G. E. et S. M. HORD. *Implementing change : Patterns, Principles, and Potholes*, Boston, Allyn and Bacon, 2001, 252 p.

HALL, G. E., B. W. NEWLOVE, A. A. GEORGE, W. L. RUTHERFORD et S. M. HORD. « Measuring change facilitator stages of concern : a manual for use of the CFSoC Questionnaire », *Center for Research on Teaching and Learning*, Greeley, University of Northern Colorado, 1991, 53 p.

HAMMER, M. et J. CHAMPY. *Le reengineering*, Paris, Dunod, 1993, 247 p.

JACOB, R., C. BAREIL, A. BOURHIS, L. DUBÉ et D.-G. TREMBLAY. « Les communautés virtuelles de pratique : levier de l'organisation apprenante », dans G. Karnas, C. Vandenberghe et N. Delobbe (Dir.), *Bien-être au travail et transformation des organisations : actes du 12e congrès de psychologie du travail et des organisations, tome 3*, Belgique, Presses universitaires de Louvain, 2003, p. 481-492.

JACOB, R. et J. DUCHARME. *Changement technologique et gestion des ressources humaines : fondements et pratiques*, Montréal, Gaëtan Morin, 1995, 344 p.

KETS DE VRIES, M. F. R. et D. MILLER. *The Neurotic organization*, San Francisco, Jossey-Bass, 1984, 241 p.

KOTTER, J. P. *Leading Change*, Boston, Harvard Business School Press, 1996, 187 p.

KOTTER, J. P. et L. A. SCHLESINGER. « Choosing strategies for change », *Harvard Business Review*, mars-avril 1979, p. 106-114.

KÜBLER-ROSS, E. *Les derniers instants de la vie*, Paris, Édition Labor, et Genève, Fides, 1975.

LANDRY, R. et S. RIVARD. « Le projet Harmonie », *Gestion, revue internationale de gestion*, 25 (4), 2001, p. 56-64.

LESCARBEAU, R. *L'enquête feed-back*, Montréal, Presses de l'Université de Montréal, 1994, 155 p.

LESCARBEAU, R., M. PAYETTE et Y. ST-ARNAUD. *Profession : consultant*, 4e éd., Montréal, Gaëtan Morin, 2003, 333 p.

LEWIN, K. « Group decisions and social change », dans G. E. Sevanson, T. M. Newcomb et E. L. Hartley, *Readings in Social Psychology*, New York, Holt, 1952, p. 459-473.

LEWIN, K. *Psychologie dynamique : les relations humaines*, Paris, Presses universitaires de France, 1967, 296 p.

MAGEE, D. *Turn Around : How Carlos Ghosn rescued Nissan*, New York, Harper Business, 2003, 240 p.

MAJCHRZAK, A. *The Human side of factory automation : managerial and human resource strategies for making automation succeed*, San Francisco, Jossey-Bass, 1988, 390 p.

MORIN, E. M. *Psychologies au travail*, Montréal, Gaëtan Morin, 1996, 535 p.

NONAKA, I. et H. TAKEUCHI. *The Knowledge-Creating Company*, New York, Oxford University Press, 1995, 284 p.

PERLMAN, D. et G. J. TAKACS. « The 10 Stages of Change », *Nursing Management*, 21 (4), 1990, p. 33-38.

PINSONNEAULT, A. « Le projet Harmonie : une analyse de quelques facteurs clés de succès », *Gestion, revue internationale de gestion*, 25 (4), 2001, p. 65-66.

PORRAS, J. I. et R. C. SILVERS. « Organization development and transformation », *Annual Review of Psychology*, 42, 1991, p. 51-78.

PTAK, C. A. et E. SCHRAGENHEIM. *ERP : tools, techniques, and applications for integrating the supply chain*, Boca Raton, St. Lucie Press, 2000, 424 p.

QUINTY, M. « Une nouvelle façon d'évaluer les entreprises », *Affaires Plus*, 25 (10), 2002a, p. 46-78.

QUINTY, M. « Le palmarès 2002 des meilleurs employeurs du Québec », *Affaires Plus*, 25 (10), 2002b, p. 46-78.

RIOUX, P., « Analyse qualitative et diachronique des préoccupations des destinataires lors d'un changement organisationnel », thèse de doctorat (en rédaction), Montréal, Université de Montréal.

RIOUX, P., C. BAREIL et K. ÉTHIER. « Évolution des phases de préoccupations en contexte ERP », dans G. Karnas, C. Vandenberghe et N. Delobbe (Dir.), *Bien-être au travail et transformation des organisations : actes du 12ᵉ congrès de psychologie du travail et des organisations, tome 3*, Belgique, Presses universitaires de Louvain, 2003, p. 553-561.

ROBERGE, M. « Accompagner l'individu en transition dans un projet de changement », *Interactions, psychologie des relations humaines*, Département de psychologie de l'Université de Sherbrooke, 3 (1-2), 1999, p. 61-71.

ROGERS, C. R. *A way of being*, Boston, Houghton Mifflin, 1980, 395 p.

RONDEAU, A. « Transformer l'organisation. Vers un modèle de mise en œuvre », dans R. Jacob, A. Rondeau et D. Luc, *Transformer l'organisation*, collection Racines du savoir, Montréal, HEC, 2002, p. 91-112.

RUTHERFORD, W. L., G. E. HALL et B. W. NEWLOVE. « Describing the concerns principals have about facilitating change », *Research and Development Center for Teacher Education*, Austin, University of Texas, 1982, 28 p.

SAKANO, T. et A. Y. LEWIN. « Impact of CEO succession in Japanese companies : a coevolutionary perspective », *Organization Science*, 10 (5), 1999, p. 654-671.

SALOMÉ, J. et C. POTIÉ. *Oser travailler heureux – entre prendre et donner,* Paris, Albin Michel, 2000, 221 p.

SAVOIE, A. *Le perfectionnement des ressources humaines en organisation,* Montréal, Agence d'Arc, 1987, 202 p.

SAVOIE, A., C. BAREIL, A. RONDEAU et J.-S. BOUDRIAS. «Le changement organisationnel», dans É. Brangier, A. Lancry et C. Louche (Dir.), *Les dimensions humaines du travail. Théories et pratiques de la psychologie du travail et des organisations,* Nancy, Presses Universitaires de Nancy, 2004, 670 p.

SAVOIE, A. et E. M. MORIN. «Les représentations de l'efficacité organisationnelle : développements récents», dans R. Jacob, A. Rondeau et D. Luc, *Transformer l'organisation,* collection Racines du savoir, Montréal, HEC, 2002, p. 206-231.

SCHEIN, E. H. *Organizational Psychology,* 3e éd., Englewood Cliffs, Prentice-Hall, 1980, 274 p.

SCOTT, C. D. et D. T. JAFFE. *Maîtriser les changements dans l'entreprise,* Laval, Agence d'Arc, 1992, 71 p.

SIEGAL, W. et A. CHURCH. «Understanding the management of change : overview of managers perspectives and assumptions», *Journal of organizational change management,* 9 (6), 1996, p. 54-80.

SLEIMAN, H., C. BERNIER et V. ROY. «Gestion de projets ERP : étude exploratoire du profil managérial des chefs de projet», *Systèmes d'information et management,* 6 (3), 2001, p. 31-54.

STEWART, T. A. «Reengineering : the hot managing tool», *Fortune,* 128 (4), 1993, p. 40-48.

TAKEUCHI, H. et I. NONAKA. *Hitotsubashi on Knowledge Management,* Singapour, John Wiley & Sons (Asie), 2004, 369 p.

TCHOKOGUÉ, A., C. BAREIL et C. R. DUGUAY. «Key Lessons from the implementation of an ERP at Pratt & Whitney Canada», *International Journal of Production Economics* (sous presse).

TENNIS, C. N., R. T. GOLEMBIEWSKI, A. G. BEDEIAN et A. A. ARMENAKIS. «Responses to the Alpha, Beta, Gamma Change Typology : cultural resistance to change ; The Alpha, Beta, Gamma change Typology : Perspectives on Acceptance as well as resistance ; Promise and prospects : the case of the Alpha, Beta, Gamma Change typology», *Group & Organization Management,* 14 (20), 1989, p. 134-150.

TUSHMAN, M., W. NEWMAN et D. NADLER. «Executive leadership and organizational evolution : managing incremental and discontinuous change», dans

R. H. Kilman et T. J. Covin (Eds), *Corporate Transformation: Revitalizing Organizations for a competitive world*, San Francisco, Jossey-Bass, 1988.

ULRICH, D. *Human Resource Champions: the next agenda for adding value and delivering results*, Boston, Harvard Business School Press, 1997, 281 p.

VAN DE VEN, A. H. et M. S. POOLE. « Explaining development and change in organizations », *Academy of Management Review*, 20 (3), 1995, p. 510-541.

VISINAND, M. *Le rôle attendu des professionnels RH lors d'un changement organisationnel*, mémoire de maîtrise, Montréal, HEC, 2003, 147 p.

WEISBORD, M. R. *Productive workplaces: organizing and managing for dignity, meaning, and community*, San Francisco, Jossey-Bass, 1987, 405 p.

WELLINS, R. S. et J. S. MURPHY. « Reengineering: Plug into the human factor », *Training & Development*, 49 (1), 1995, p. 33-37.

WENGER, E., R. McDERMOTT et W. M. SNYDER. *Cultivating Communities of Practice*, Boston, Harvard Business School Press, 2002, 284 p.

Remerciements

Cet ouvrage n'aurait pu voir le jour sans la contribution directe ou indirecte de plusieurs personnes. J'aimerais d'abord remercier sincèrement tous ceux et celles qui ont accepté de participer à la rédaction de cet ouvrage. Je pense notamment à Marc Gagnon, du Cirque du Soleil, à Robert Denis, du Provigo R. Denis, à Serge Lyras, du Groupe Lyras, à l'équipe du centre hospitalier Pierre-Le Gardeur dont font partie madame Gisèle Boyer, le docteur Jacques Ricard, Michèle Côté et Danielle Monette, ainsi qu'aux personnes-ressources de la Régie des rentes du Québec, dont Louise Labelle et Marie-Hélène Duval.

Je ne saurais passer sous silence les discussions trop brèves mais combien riches que j'ai eues avec Sylvie Charbonneau, associée chez AGTI Services Conseils Inc. et chargée de cours à HEC Montréal, et les échanges animés et passionnants avec Francine Roy, psychologue du travail et des organisations à la Société Pierre Boucher. Merci également à Carole Brazeau, chargée de cours à HEC Montréal, qui a bien voulu partager sa riche expérience professionnelle et ses convictions à l'égard du modèle. Merci à tous et à toutes pour vos contributions respectives.

Mes discussions stimulantes avec mes collègues proches dont Alain Rondeau, directeur du Centre d'études en transformation des organisations (CETO) et professeur titulaire, Réal Jacob, directeur du service de l'enseignement du management et professeur titulaire, Carmen Bernier, directrice de l'enseignement des technologies de l'information et professeure agrégée, et Danielle Luc, professionnelle de recherche au CETO, ont aussi enrichi mes idées. Côtoyer ces personnes est pour moi une source d'inspiration.

J'aimerais également souligner l'excellent travail de recherche de Martine Visinand. Son mémoire de maîtrise a inspiré la rédaction de certains chapitres sur les gestes des acteurs du changement. Je remercie vivement tous mes autres assistants de l'équipe de recherche sur les préoccupations : Phanie Rioux, pour la richesse de ses analyses et sa personnalité attachante, Justine Gagnon, qui a su apporter tout son bagage, son expérience et son talent, Kathrin Searle, pour son professionnalisme, son énergie et sa ténacité, Mireille Gaudreau, qui a supervisé d'une main de maître toute la logistique des questionnaires sous la plate-forme Web dans plusieurs projets, Karine Éthier, Jean-Sébastien Boudrias et, finalement, Céline Boffo, pour sa rigueur intellectuelle et son souci de l'excellence. Tous ont contribué à l'avancement des connaissances dans le domaine du changement.

Je tiens aussi à souligner la contribution intense et soutenue d'un collaborateur de longue date, André Savoie, professeur titulaire au Département de psychologie du travail et des organisations à l'Université de Montréal, avec qui j'ai toujours beaucoup de plaisir à travailler. Il a su remettre en question mes convictions et les avancées sur le plan scientifique.

Merci aux centaines d'étudiants et de cadres à qui j'ai enseigné au cours des 10 dernières années et qui m'ont permis de mettre à l'épreuve le modèle.

Je tiens également à remercier sincèrement Jean Paré, éditeur des Éditions Transcontinental, qui m'a fait de judicieuses remarques et dont le travail a amélioré de façon importante la qualité de cet ouvrage.

Par ailleurs, les recherches qui ont mené à ce livre ont été financées par le Conseil de recherche en sciences humaines du Canada, le Centre francophone de recherche en informatique et organisation (CEFRIO), le Centre d'études en transformation des organisations à HEC Montréal (CETO) et d'autres fonds de recherche commanditée.

Je ne pourrais passer sous silence le grand réconfort de ma famille. J'ai été gâtée et choyée par un entourage compréhensif et aimant : André, mon époux, pour sa sagesse et son soutien indéfectible, et Kimberly-Anne, ma très adorable fille, dont le rappel soutenu à l'équilibre travail/famille a été pour moi une source d'inspiration et de mieux-être. Merci du fond du cœur !

Céline Bareil

COLLECTION ENTREPRENDRE

La gestion financière
Ministère de l'Industrie et du Commerce
9,95 $ • 48 pages, 1998

Le marketing
Ministère de l'Industrie et du Commerce
9,95 $ • 48 pages, 1998

La vente et sa gestion
Ministère de l'Industrie et du Commerce
9,95 $ • 48 pages, 1998

La gestion de la force de vente
Ministère de l'Industrie et du Commerce
9,95 $ • 48 pages, 1998

Le marchandisage
Ministère de l'Industrie et du Commerce
9,95 $ • 48 pages, 1998

La publicité et la promotion
Ministère de l'Industrie et du Commerce
9,95 $ • 48 pages, 1998

La gestion des opérations
Ministère de l'Industrie et du Commerce
9,95 $ • 48 pages, 1998

La gestion des stocks
Ministère de l'Industrie et du Commerce
9,95 $ • 48 pages, 1998

Les mesures légales et la réglementation
Ministère de l'Industrie et du Commerce
9,95 $ • 48 pages, 1998

La sécurité
Ministère de l'Industrie et du Commerce
9,95 $ • 48 pages, 1998

La qualité des services à la clientèle
Ministère de l'Industrie et du Commerce
9,95 $ • 48 pages, 1998

Comment gagner la course à l'exportation
Georges Vigny
27,95 $ • 200 pages, 1997

La révolution du savoir dans l'entreprise
Fernand Landry
24,95 $ • 168 pages, 1997

Comment faire un plan de marketing stratégique
Pierre Filiatrault
24,95 $ • 200 pages, 1997

Devenez entrepreneur 2.0 (version sur disquettes)
Plan d'affaires
Alain Samson
39,95 $ • 4 disquettes, 1997

Profession : travailleur autonome
Sylvie Laferté et Gilles Saint-Pierre
24,95 $ • 272 pages, 1997

Des marchés à conquérir
Guatemala, Salvador, Costa Rica et Panama
Pierre-R. Turcotte
44,95 $ • 360 pages, 1997

La gestion participative
Gérard Perron
24,95 $ • 212 pages, 1997

Comment rédiger son plan d'affaires
André Belley, Louis Dussault, Sylvie Laferté
24,95 $ • 276 pages, 1996

J'ouvre mon commerce de détail
Alain Samson
29,95 $ • 240 pages, 1996

Communiquez ! Négociez ! Vendez !
Alain Samson
24,95 $ • 276 pages, 1996

La formation en entreprise
André Chamberland
21,95 $ • 152 pages, 1995

Profession : vendeur
Jacques Lalande
19,95 $ • 140 pages, 1995

Virage local
Anne Fortin et Paul Prévost
24,95 $ • 275 pages, 1995

Comment gérer son fonds de roulement
Régis Fortin
24,95 $ • 186 pages, 1995

Des marchés à conquérir
Chine, Hong Kong, Taiwan et Singapour
Pierre R. Turcotte
29,95 $ • 300 pages, 1995

De l'idée à l'entreprise
Mel Ziegler, Patricia Ziegler et Bill Rosenzweig
29,95 $ • 364 pages, 1995